云南农村公路小修养护技术指南

陈　跃　飞再明　郑鹏飞　编著

人民交通出版社

内 容 提 要

本书系统介绍了农村公路的日常养护和小修保养工作，重点介绍了农村公路中水泥混凝土、沥青、弹石路面、拱桥的日常养护和小修保养作业内容，切合我省农村公路养护的实际。

本书总体框架参照部颁《公路养护技术规范》(JTG H10—2009)编写，系统性强，结合实际，可供农村公路一线养护工人学习使用。

图书在版编目（CIP）数据

云南农村公路小修养护技术指南/陈跃，飞再明，郑鹏飞编著．—北京：人民交通出版社，2012. 5

ISBN 978-7-114-09775-1

I. ①云… II. ①陈…②飞…③郑… III. ①农村道路—公路养护—云南省 IV. ①U418

中国版本图书馆 CIP 数据核字（2012）第 076511 号

书　　名：云南农村公路小修养护技术指南
著 作 者：陈 跃 飞再明 郑鹏飞
责任编辑：任雪莲
出版发行：人民交通出版社
地　　址：(100011)北京市朝阳区安定门外外馆斜街3号
网　　址：http：//www.ccpress.com.cn
销售电话：(010)59757969，59757973
总 经 销：人民交通出版社发行部
经　　销：各地新华书店
印　　刷：北京交通印务实业公司
开　　本：880×1230 1/32
印　　张：7.375
字　　数：173千
版　　次：2012年5月 第1版
印　　次：2012年10月 第2次印刷
书　　号：ISBN 978-7-114-09775-1
定　　价：38.00元

序

建设社会主义新农村是我国全面建设小康社会和现代化建设进程中的重大历史任务，是全党工作的重中之重。农村公路建管养工作作为社会主义新农村建设的重要组成部分，对发展现代农业、繁荣农村经济、解决农民兄弟的出行问题、增加农民收入都具有重要的促进作用。

“十一五”期，在国家的支持下，我省实施了建国以来建设规模最大的农村公路建设工程，截至 2010 年年底，全省农村公路通车总里程突破 17 万公里，占全省路网的比例达 82% 以上，农村公路路网已基本形成。因此，实现农村公路管理养护的常态化，管好养好庞大的农村公路路网，确保公路的完好畅通，对巩固农村公路建设成果、延长农村公路使用寿命、为农民兄弟提供更好的出行服务，具有十分重要的意义，也是实现公路建设的可持续发展，节约资源、保护环境的重要举措。

近年来，按照“建设是发展，管理养护是可持续发展”的理念，我省已初步建立了“县为主体、分级负责”的农村公路管理养护模式，加大了农村公路养护经费的投入，自 2007 年以来，省厅千方百计筹集资金，投入了 20 多亿元用于农村公路管理养护，农村公路路况质量得到了一定程度的提升。

经过多年的探索，我省农村公路建设形成了“路面多形式，安保多样化”等密切结合各地实际的特点，这给农村公路的管理养护工作带来了新的挑战，目前全省农村公路的基层管理养护人员大部分未从事过较高级路面的养护，难以适应新时期农村公路管理养护的需要，迫切需要对其进行技术指导和培训，为此，省厅组织编写了《云南农村公路小修养护技术指南》，旨在为农村公路管理养护人员提供全面、实用的工具书和培训教材。

本书针对全省农村公路的特点，借鉴了各地农村公路管理养护的实践经验，总结出农村公路乡道和村道小修养护技术操作的规范，内容基本涵盖了农村公路管理养护各个方面的工作，图文并茂，通俗易懂，对农村公路管理养护工作具有重要的指导意义。希望各级交通运输管理部门认真使用好本书，使其在农村公路管理养护中发挥应有的作用。

云南省交通运输厅厅长：杨光成

前　言

为巩固农村公路建设成果，延长农村公路的使用寿命，贯彻落实国家有关农村公路管理养护体制改革的方针、政策，建立健全农村公路管理养护的行政、技术规定，为农村公路养护管理创造良好的技术政策，特编著本《云南农村公路小修养护技术指南》。

本指南针对云南农村公路里程多、项目分散、农村公路养护手段落后、机械化程度较低、养护人员多为未从事过养护工作的人员等特点，进行了认真的调查研究，力求以“简明、实用、可操作、图文并茂”的原则，制订出一本既有技术指导的可操作性，又易于养护基层人员理解、把握的养护技术指南。

本指南分为总则、路基养护、路面养护、桥梁与涵洞养护、沿线设施、公路绿化与环境保护、技术管理、养护作业安全8个章节和10个附录，基本涵盖了农村公路村道、乡道养护工作的全部内容。

本指南作为农村公路养护工作的参考性技术资料，可为相关养护人员提供技术参考。在运用中，使用者可根据当地的自然、交通特点等实际情况灵活掌握。

由于编者水平有限，书中不妥之处，恳请读者批评指正。

编　者

2011年1月

目　　录

1 总　则

1 总 则

1.0.1 目的

加强农村公路养护工作，巩固提高农村公路的使用功能和服务水平，保障农村公路行车安全、畅通、舒适，适应社会主义新农村发展需要。

1.0.2 基本任务

（1）强化农村公路养护管理的标准化和规范化建设，促使农村公路养护经常化、制度化。

（2）加强预防性养护，维护，巩固公路的使用功能。

（3）突出公路路面、路肩、桥梁的养护管理。

（4）逐步加强公路安全标志和安全设施的设置及维护管理工作。

（5）加大公路绿化的覆盖率和公路环境的保护。

（6）建立和坚持公路养护巡查制度和养护质量考核制度。

1.0.3 适用范围

本书适用于云南省境内农村公路中乡道和村道的日常养护和小修工程。县道中的四级公路可参照使用。

1.0.4 基本要求

（1）农村公路养护工作必须贯彻“预防为主、防治结合”的方针。

（2）因地制宜，就地取材，尽量选用当地天然材料和工业废渣，充分利用原有工程材料和原有工程设施，以降低养护成本。

（3）加强桥梁的检查、维修，延长桥梁的使用寿命。

（4）加强以路面养护为中心的全面养护，经常保持公路及其附属设施的完好状态，及时修复损坏部分。

（5）重视综合治理，保护生态平衡，防止环境污染，注意少占农田。

（6）逐步发展农村公路养护机械化和推广养护新技术、新材料和新工艺，改善养护手段，提高养护质量。

YUNNAN

云南农村公路小修养护技术指南

Nongcun Gonglu Xiaoxiu Yanghu Jishu Zhinan

2 路 基

2 路　基

2.1 一般规定

2.1.1 公路路基是公路的重要组成部分，是路面的基础，与路面共同承担车辆荷载。必须保证路基土的密实稳定，排水性能良好，各部分尺寸和坡度符合要求，及时消除不稳定因素。

2.1.2 农村公路路基养护应通过日常巡查和定期检查，发现病害，及时查明原因，采取有效的措施进行修复和加固，消除病害根源。路基养护的作业范围应包括下列内容：

（1）维修、加固路肩、边坡及错车道，使其尺寸和边坡坡度符合要求；

（2）疏通、改善、铺砌排水系统，确保排水顺畅；

（3）维护、修理挡土墙等防护构造物，管护两旁公路用地；

（4）清除塌方、处理塌陷，排除险情，防止水毁；

（5）观察、预防、处理翻浆、沉陷、滑坡、泥石流等病害。

2.1.3 农村公路路基养护工作总的要求是：路基横断面形式及尺寸应符合原设计标准，具有足够的整体稳定性、足够的强度、足够的水稳定性。

农村公路路基日常养护工作应符合下列基本要求：

（1）路肩表面平整清洁，无坑洼、隆起、沉陷、缺口等病害，无堆积物、无种植、无高草（不超过15cm）、无积水，与路面接茬平顺，相差高度不大于5cm；

（2）边坡稳定、坚固，平顺无雨水冲沟、松散，坡度符合要求；

（3）边沟、排水沟、泄水槽等排水设施保持顺畅，无淤塞、无高草，进出口维护完好；

（4）挡土墙等防护设施保持完好无损害，无断裂、沉陷、倾斜、局部塌陷、松动，较大面积勾缝脱落，其泄水孔无堵塞；

（5）积极预防、治理和抢修翻浆、边坡塌方等病害，尽量缩短阻车时间。

2.2 路肩和边坡

2.2.1 路肩养护

2.2.1.1 路肩是保证公路路基、路面具有整体稳定性和排除路面水的重要结构，同时也是为确保临时停车所需两侧余宽的重要组成部分，路肩有土路肩、硬路肩、全铺式（外为路缘带）路肩三种。

2.2.1.2 路肩养护与维修工作的重点是减少或消除水对路肩的危害。路肩养护和修理工作主要是：

（1）路肩应保持适当的横坡度。对于土路肩，当横坡度过大时，适宜采用良好的砂土以及其他合适的材料填补压实，不得用清沟挖出的淤泥或含有草根的土壤填补。当填补厚度大于15cm时，应分2~3层夯压密实。当横坡过小时，应削高补低整修至规定的坡度。其横坡度应比路面坡度大1%~2%，以利于顺利地排水，路肩外缘应整齐成线。对于硬路肩，应参照同类型路面进行调整。

（2）路肩应经常保持平整、坚实、有足够的强度。土路肩因雨天会车、停车造成的车辙、坑洼，与路面接茬相差高度大于5cm或有残积物时，应及时整修或清除，并用与原路肩相同的土填平压实，保持原有状态。硬路肩产生病害应参照同类型路面病害处治。

（3）路肩应保持清洁，严禁种植农作物和堆放任何杂物。对养护所需要的砂石材料，如必须堆放在路肩上时，应选择在较宽的地段顺一边堆放。桥头和陡坡路段，弯道内侧等地方，不得堆料。

（4）土路肩上可种植适合当地土质、易于成活和生长的草皮，并定期进行维护和修剪，草高不宜高于15cm，随时清除杂草，不得采用除草剂，以免污染环境。及时清理草丛中积存的泥沙杂物，以利排水，保持路容美观。

（5）陡坡路段的路肩，容易被暴雨冲成纵向和横向的沟槽，可以采取设置截水明槽、加固硬路肩等防护措施。

①截水明槽的养护。

a. 截水明槽的设置：自纵坡坡顶起，每隔20m左右两侧交叉设置30～50cm的斜向截水沟，并用碎石填平，同时在路肩边缘处设置高10cm、顶宽10cm、底宽20cm的拦水埂，在每条截水沟处留一淌水缺口，其下的边坡用草皮或砌石加固，使雨水集中在截水沟内排出，见图2.2.1。

b. 截水明槽的日常养护：日常巡查时，发现明槽内碎石没有填平的，应及时用碎石填平；发现路肩边缘处的拦水埂损坏时，要及时维修；截水沟淌水缺口处用于加固的草皮或砌石如果已经被雨水冲刷损坏，应及时用砌石加固，防止损坏范围进一步扩大；在雨天，应加强检查，如发现截水沟不能顺利排水，应立即清除沟内堵塞物，然后再重新填平。

②选择合适的粒料加固或有计划地铺筑硬路肩。日常养护时，应保持路肩表面平整，对于因雨水冲刷损坏的地方，及时用相同的材料填平压实。

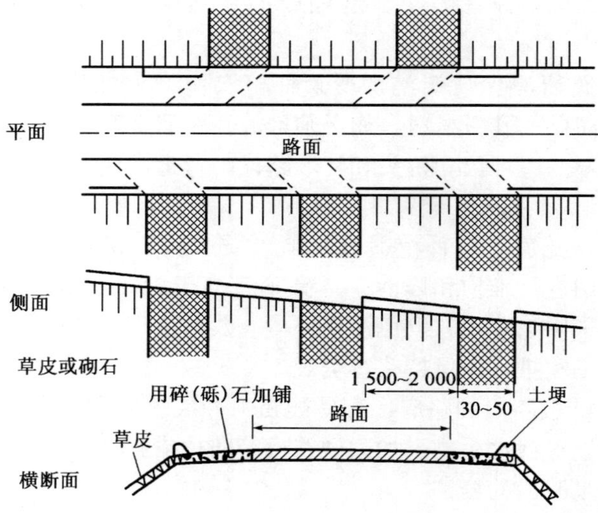

图 2.2.1 路肩截水明槽（尺寸单位：cm）

注：土埂高 10cm，上宽 10cm，底宽 20cm。

2.2.2 边坡养护

（1）路基边坡的作用主要是保证路基的稳定。

（2）边坡养护和修理工作主要是：

①路肩边坡坡面应保持平顺、坚实、无冲沟，如发现边坡有较大裂缝、变形等病害时，立即上报主管部门。

②日常巡查时，遇到边沟堵塞，立即清理疏通，以防水流冲刷边坡。

③对路堤边坡经雨水冲刷出现的冲沟或缺口，应及时用黏结性良好的土修补拍实，防止表层水渗入路基内。

④路堤边坡填土修理时，应将原坡面挖成阶梯形，然后分层填筑夯实，分层高度控制在 20 ~ 30cm，并注意与原坡面衔接

平顺。

⑤河滩、河岸受水流侵蚀较轻的路堤边坡，应采取种植乔木、灌木或花草等进行加固。

⑥边坡长的草或灌（乔）木，有利于保护边坡，不宜铲除；严禁在边坡取石挖土及放牧。

⑦山区公路一般地质构造复杂，地质水文不良路段较多，对上述路段，应加强检查，特别是坡顶，有裂缝等坍塌现象时，应及时查明原因，并采取相应措施。

2.2.3 路肩的加固与改善

对路基路肩的加固方法有以下几种：

（1）在公路和其他农村道路交叉的地方，应进行加铺粒料硬化加固。

（2）一般种植树木、草皮、灌木丛进行加固。为了防止雨天在路肩会车时泥泞陷车，可以就地取材，采用碎砖、碎石等粒料掺拌黏土，采用挖槽铺筑，形成加固层，其厚度不小于15cm。或者也可在雨后路肩湿软时，直接将粒料（不加黏土）撒铺在路肩上，进行碾压，分期将粒料铺压进路肩土中进行加固，使用此法应注意路肩与路面交界处的平顺，并保持适当横坡度，以利排水。

（3）坡度较大的坡道上，雨水顺坡而下，流速较大，易把路肩冲成顺路向的沟槽，应设置截水槽。

2.2.4 边坡的加固与改善

对路基边坡的加固方法有以下几种：

（1）如果边坡时常坍塌，可以在边坡的半腰上修护坡道。

（2）边坡表面易受雨水冲刷损坏时，可在坡面种草皮、棉柳和荆条等灌木。

（3）河岸边的路基边坡，常受水流冲刷，要进行加固。一般可在坡脚栽柳树、芦苇等来保护坡脚，或在常被水淹没的边坡上，铺砌护坡，种植灌木丛。

2.3 排水设施

2.3.1 地面排水设施的养护

地面排水设施包括边沟、排水沟、截水沟、跌水、急流槽等。

地面排水设施的养护工作包括：

（1）平时经常疏通边沟，使沟底保持一定的纵坡。

（2）应该常保持土质边沟断面完好，及时清除淤塞和杂草，满足排水需要。

（3）汛前应全面检查、疏通各类排水设施，雨中上路巡查和雨后重点检查，如有冲刷和损坏，应及时修理或加固，如有堵塞应立即清除。

（4）对容易被雨水冲刷的土质边沟、截水沟、排水沟，当土质边沟纵坡大于3%时，应进行加固措施。加固措施原则上应就地取材，简单易行。加固类型的选用应根据土壤的情况、流速的大小、使用性质和年限具体情况而定。可参照表2.3.1选用。

排水沟渠加固类型选择参考　　表2.3.1

形　　式	名　　称	厚度（cm）
简易	夯实沟底沟壁 水泥砂浆抹平	2~3
干砌	干砌片石 干砌片石水泥砂浆抹平	15~25 15~25
浆砌	浆砌片石 浆砌混凝土预制板 砖砌	15~25 6~8 6~10

2.3.2 地下排水设施的养护

地下排水设施包括暗沟、渗沟（盲沟）、渗井等。

（1）汛前应全面检查、疏通各类排水设施，雨中上路巡查和雨后重点检查，如有冲刷和损坏，应及时修理或加固，如有堵塞应立即清除。

（2）平时检查时如发现渗沟（盲沟、有管渗沟、洞式渗沟）沟口长草、堵塞，应及时清除和冲洗。如发现碎石层失去渗水作用，则应立即翻修，剔除较小颗粒砂石，补充大颗粒碎石，以保持空隙，便利排水。如果检查发现渗沟位置设置不当，不能有效排水，应立即上报主管部门。

（3）公路养护用土应远离路基挖取，并应注意少破坏植被，防止水土流失。如在公路边设取土坑取土时，应均匀浅挖，不宜集中深挖，并保持坑底一定的纵坡和向外侧倾斜的横坡，以防积水侵蚀路基。

2.4 挡土墙

挡土墙养护和修理的主要工作是:

（1）挡土墙的日常养护除经常性检查其是否有损坏外，每年应在春、秋两季各进行一次定期检查。在恶劣天气和经常有重型车辆通过的特殊情况下，应及时检查，发现裂缝、倾斜、鼓肚、滑动、下沉或表面风化、泄水孔堵塞、墙后积水、周围地基错台、空隙等情况，要及时查明原因，并观察其发展情况，采取相应的修理、加固等措施并及时上报主管部门。对于检查和修理加固情况，每次应做好检查和维修加固记录，设立技术档案，以备查找。

（2）发现挡土墙发生裂缝、断裂时，应立即进行修理、加固。其方法是先将缝隙凿毛，然后清除缝隙里面的碎渣和杂物，再用水泥砂浆填塞。水泥混凝土或钢筋混凝土挡土墙的裂缝可以用环氧树脂黏结。

(3) 挡土墙的泄水孔应保持畅通。当泄水孔因堵塞而无法疏通时，应另选适当位置增设泄水孔，或在墙背后增设盲沟将水引出路基以外，以防墙后积水引起土压力增加或冻胀而损坏挡土墙。

(4) 砖、石混凝土或钢筋混凝土挡土墙表面轻微风化剥落时，应将风化表层先铲除，再喷涂水泥砂浆保护层。严重风化时，应将风化部分拆除重建。

(5) 浸水挡土墙由于被水浸泡和经常受洪水冲击，平时特别是在汛期前后应加强对其观察和检查，如发现损坏，应及时修理和加固。当基础被淘空但未危及挡土墙墙体时，应立即做好记录并及时上报主管部门。如挡土墙墙体出现较严重损坏，应按原标准修复或重建。

(6) 挡土墙发生倾斜、鼓肚、滑动或下沉等病害时，应立即上报主管部门。

2.5 特殊路基

2.5.1 软土地区路基的养护

(1) 所谓软土，从广义上讲，就是强度低、压缩性高的软弱土层，以孔隙及有机质含量为主，结合其他指标，可将软土划分为软黏性土、淤泥质土、淤泥、泥炭质土及泥炭五种类型。通常把淤泥、淤泥质土、软黏性土称为软土，把有机质含量很高的泥炭、泥炭质土总称为泥沼。

(2) 软土地基多因地表低洼、降水充足、地下水位高、含水饱和、土质松软、透水性小、压缩性高、强度低，在填土荷载和行车作用下，易出现沉降、冰冻膨胀、弹簧、沉陷、滑动、基底向两侧挤压出淤泥等病害。

（3）对于软土路基产生的病害，日常养护的主要工作包括：

①降低水位。当在路基两侧开挖沟渠的工作量不大时，可加深路堤两侧边沟，以降低水位，促进路基土渗透固结，达到稳定路基的效果。

②路基两侧的下边坡，宜植柳、枫杨等亲水性好、根系发达的树林，以增加路基抵抗冲刷和侵蚀的能力。

2.5.2 盐渍土地区路基的养护

（1）盐渍土是一种含盐量较高的盐碱地。盐渍土一旦遇到雨水和冰雪融化，含水率急增，会出现潮湿坍塌，路基发软，强度降低，失去承载力而影响通车。因此，保持排水良好，特别重要。

（2）盐渍土路基常见的病害：

①道路泥泞；

②路基翻浆及冻胀；

③受水浸泡时，路基沉陷。

（3）对盐渍土地区路基的养护，应着重注意以下几点：

①加强排水设施的养护。日常巡查时，应检查排水设施是否堵塞，如果不能正常排水，及时清理；

②路肩出现车辙、坑洼时，应及时清除浮土，洒泼盐水湿润，再用砂土混合料覆盖夯实；

③秋冬季节或春融时期，路肩出现盐胀隆起甚至翻浆，对隆起部分应及时铲除，使地面水及时排出；

④边坡受雨、雪水作用出现冲沟、松散等病害时，及时用黏土掺砂砾铺上拍紧，防止进一步松散；

⑤为防止边坡水土流失，应根据当地土质和植物生长情况，

选植耐碱性的树木或草本植物，以稳定边坡。

2.5.3 季节性冻土地区路基的养护

（1）冻土是指在含水的土壤中，当温度降低到0℃或0℃以下时，土壤冻结并伴随着冰体产生，同时由于冰的胶结作用，使土壤抗外力的强度提高的土壤。

（2）季节性冻土地区的路基常见的病害分为：

①冬季低温时道路开裂、隆胀；

②春融期间由于冻土中的冰体逐渐融化，就会发生道路翻浆、路面沉陷。

（3）对季节性冻土地区路基的养护主要分为以下几点：

①做好路基、路面的排水。在日常养护时，应保持路基排水设施顺畅，边沟、排水沟不能有积水或堵塞。在雨季，加强检查排水设施的排水性能，如果排水设施不能有效的排水，应及时上报上级主管部门。

②设置排水沟、截水沟。在路基两侧边底部内低于地下水位处，设置排水沟和截水沟，降低地下水位，排除地表水，减少路基土含水率，达到防治冻土危害的目的。

2.6 路基常见病害及处治方法

2.6.1 路基沉陷

（1）路基沉陷是路基表面作竖向位移，一般分为均匀沉陷、不均匀沉陷、局部沉陷，见图2.6.1。

（2）路基沉陷产生的原因很多，但主要包括由路基本身引起的压缩沉陷和由于地基原因引起的沉陷两种。

①路基本身引起的沉陷是因为选用了力学稳定性、水稳性差的路基填料（如湿陷性黄土、粉质土）填筑路基，没有分层填

筑或分层填筑厚度过大，造成路基压实度不足，没有严格控制路基填土的含水率，在层与层中间形成过湿的软弱夹层。

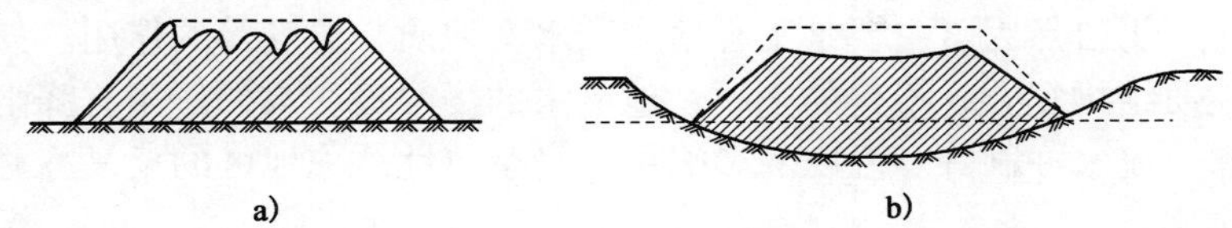

图 2.6.1 路基沉陷示意图

a）堤身下陷；b）地基下陷

②地基的沉陷是由于原天然地面有软土、泥沼或不密实的松土存在，土基的承载能力极低，填筑路基前未对原天然地面进行处理，地基下沉或向两侧挤出，引起的路基下沉。

（3）路基沉陷防治的日常养护工作主要包括：

①加强日常巡查，特别是雨季到来之前，要认真检查易发生沉陷的路段，发现有沉陷现象时，如果沉陷的范围较小且不严重时，应及时填平。沉陷比较严重时应及时上报主管部门。

②桥头路面沉陷高差达 2cm 时，应及时填铺平顺。

2.6.2 路基边坡塌方

（1）路基边坡塌方是指路堤边坡和路堑边坡的塌方，是公路上最常见的病害现象之一，见图 2.6.2。

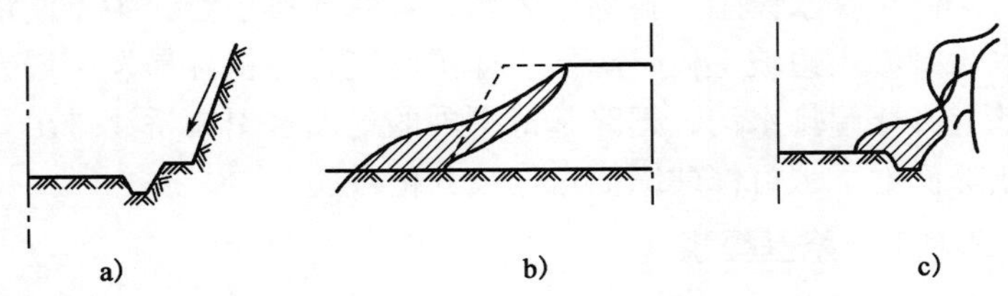

图 2.6.2 边坡塌方示意图

a）剥落；b）滑塌；c）崩塌

（2）路基边坡塌方的原因是多方面的，大致可归纳为自然因素和人为因素两个方面。

①自然因素主要是工程地质和水文地质、温度等的作用。如地质结构复杂，不良的土质，地下水的浸湿等。水的作用有降雨雪、流水冲刷等。温度的影响主要是季节性冰冻地区的反复冻融作用。

②人为因素包括设计和施工两个方面。首先是设计不合理，如断面尺寸不合要求，排水、防护与加固设计不妥等。施工不符合要求，如填筑顺序不当，土基压实不足，盲目采用大型爆破等。

（3）路基边坡塌方防治的日常养护工作主要包括：

①加强检查和养护管理，特别是雨季到来之前，要认真检查易发生塌方的边坡路段，发现边坡有裂缝、变形、塌方现象，要及时修整。

②坚持雨天巡路。遇到边沟堵塞，要立即清理疏通，以防水流冲刷路基和边坡。

③整修、加固边坡。对边坡表面进行防护加固，如铺草皮、栽树、干砌或浆砌块片石等，这样可增加边坡的稳定性，防止风化、剥蚀或冲刷。

④修筑排水设施。排除地表水，可修建排水沟，为不使地面雨水大量渗入边坡土体，降低土体抗滑能力。在容易发生塌方的路基上方修建排水沟，把路基范围内的地面水引向桥涵排出。排除或降低地下水可修建纵横盲沟或其他设施。

2.6.3 路基翻浆

（1）翻浆现象是在季节性冰冻地区水文地质条件不良地段，路基在冬季冰冻过程中，土中的水分不断地向上移动，使路基上部的水分含量增加，春融期间，由于路基上层含水率过大，在行车的作用下，强度急剧降低，路面就会发生弹簧、裂缝、鼓包等现象，造成翻浆。

（2）路基翻浆的原因分析

路基翻浆是因路基长时间浸水导致含水率过高造成，在一定路段上和一定条件下产生的。下列几种情况容易产生翻浆：

①路基低洼及雨季边沟积水多又排不出去的路段。

②地下水位较高的路段。

③用不良土填筑或填筑过程中尚未压实修筑的路段。

④路肩及路面排水不良和扫雪不良的路段。

⑤在冬季封冻时，天气逐渐变冷，路基冻层逐渐加厚，水分积聚多；春季解冻时，天气突然变暖，路基上面化冻快，下面尚冻结，水分不易向下渗时，加上交通荷载作用容易发生翻浆。

（3）路基翻浆的养护

道路翻浆病害的发生过程，是一个贯穿一年四季的循环变化过程。因此，在各个季节中，都要采取相应的办法来养护。日常养护的主要工作是加强排水，尽量防止水分进入路基引起路基内水分增多。

①经常使路基表面平整坚实，无坑槽辙沟，保持路拱及路肩横坡度符合规定标准，无杂物。

②堵塞的边沟应及时疏通；路边积水应设法挖沟排除或导入附近排水构造物中。淤塞的路基盲沟、地下截水沟等应及时修补。

③冬天及时清除积雪，加速路基水分冻结。

YUNNAN

云南农村公路小修养护技术指南

Nongcun Gonglu Xiaoxiu Yanghu Jishu Zhinan

3 路　　面

3 路　面

3.1 一般规定

3.1.1 路面直接承受车辆交通荷载的作用，易受气候、水文等自然因素的影响而损坏。因此，必须采取预防性、经常性的保养和修理措施，以保证路面平整完好。

3.1.2 农村公路路面养护应符合下列要求：

（1）定期清扫路面，及时清除路面上的泥土、杂物，保持路面整洁。

（2）及时清除路面积水、积雪等，保持路面平整完好，维持交通安全。

（3）对路面出现的初期病害和局部损坏，应查清原因，选用符合规格要求的材料和相应的技术措施进行修复。

（4）若路面破损严重，应根据具体情况确定相应的养护维修对策。

3.1.3 各种路面养护的通用材料应符合现行有关农村公路施工技术规范的规定。

3.2 水泥混凝土路面

3.2.1 水泥混凝土路面养护基本要求

（1）水泥混凝土路面的特点是在养护维护良好的前提下，

其使用年限比其他路面长。但一旦开始破坏，破损会迅速发展。因此，必须做好预防性、经常性的日常保养工作和相应修补，及时保持路面状况的完好，不断提高养护工程质量和服务水平。

（2）水泥混凝土路面在使用中，必须对其使用质量进行定期的调查评价，有计划地进行修理和改善，以保持良好的服务状况。

（3）水泥混凝土路面接缝材料应选用黏结力强、弹性好、不渗水、抗潜入能力强、高温时不流淌、低温时不脆裂、经济耐用，且施工方便的材料。

（4）水泥混凝土路面的养护质量标准应符合表3.2.1的规定。

水泥混凝土路面养护质量标准 表3.2.1

评价项目	质量标准
平整度（mm）	≤8（3m直尺）
接缝填缝料凹凸（mm）	≤8

3.2.2 水泥混凝土路面日常养护

（1）路面日常养护，是对水泥混凝土路面经常进行保洁和修补其轻微损坏部分的作业。主要内容包括：

①行车道、硬路肩的清扫、保洁；

②路面各种接缝材料更换、填补或清除溢出；

③路面裂缝的封补，板块的局部修理等。

（2）路面保洁。

①常用方法：人工法和机械法。

a. 人工法：人工配以简单的清扫工具（如：扫帚、铁锹、铲等）。

b. 机械法：小型清扫机、洒水车（有条件的地区可实行）。

②路面保洁质量标准。

a. 及时清除路面上的垃圾、堆放的杂物，保持路面整洁，清扫频率每天不少于1次。

b. 与其他不同类型路面连接处及平交道口应勤加清扫。

c. 清扫保洁的垃圾，随扫随清，堆放在规定地点，不得随意乱放。

d. 降雪天，当降雪厚度超过2cm时，雪后应及时清除路面积雪，可采用人工清扫、机械铲雪或撒盐、撒融雪剂（如盐、尿素）等方法，确保行车安全。

e. 及时清除路面上因交通事故等原因遗留的污物。

（3）接缝保养，是对水泥混凝土路面的接缝及时清理和对填缝料出现老化、损坏、外溢以及不密实等情况进行维修保养的作业（图3.2.1）。接缝维修保养宜选在春秋季节进行。

图3.2.1　水泥混凝土板接缝

①具体要求：

a. 应进行适时保养、及时补灌，保持接缝良好，表面平顺。当填缝材料高出路面5mm（8mm）时应铲平。及时清除嵌入接缝内的砂石及其他坚硬杂物，保持混凝土路面板块的正常伸缩。

b. 填缝料应进行周期性更换，一般宜2～3年更换一次，但当填缝料出现严重损坏时，应立即进行整条接缝的填缝料更换。

c. 填缝料应饱满密实，表面连续平整，黏结牢固。填缝料灌注的高度在夏天宜与路面板持平。冬天宜稍低于路面板2mm。填缝料更换宜选择在春秋两季，或在当地年气温居中且较干燥的季节进行。

②目前常用的填缝料主要是加热灌注型填缝料——沥青类材料；其他填缝料还有双组分高分子聚合物型填缝胶和橡胶嵌缝条。

③沥青类材料作为填缝料的施工工艺：

a. 清缝，将胀缝内的嵌缝板取走，再把缝内尘土灰浆等杂物清理干净。

b. 灌缝，将填缝料加热至灌入温度，滤去渣物，倒入填缝机内即可填缝。一般填缝料灌注深度宜为30～40mm，当缝过深过大时，缝的下部可填25～30mm多孔性垫底材料或泡沫支条板。

3.2.3 水泥混凝土路面小修工程

（1）裂缝，包括纵向、横向、斜向裂缝和交叉裂缝（见图3.2.2～图3.2.5）。其损坏特征是裂缝将板块分割成两块或三块，产生裂缝的原因主要是：基层脱空、土基和基层强度不够、接缝、原材料质量差、施工操作不当、养生不好等。

图3.2.2　水泥混凝土路面横向裂缝

图3.2.3　水泥混凝土路面纵向裂缝

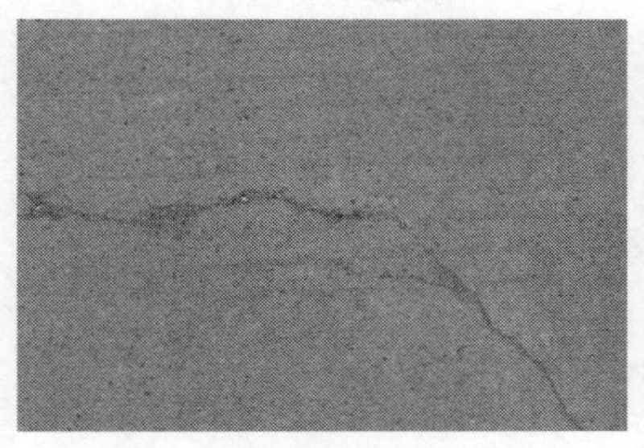

图 3.2.4 水泥混凝土路面斜向裂缝

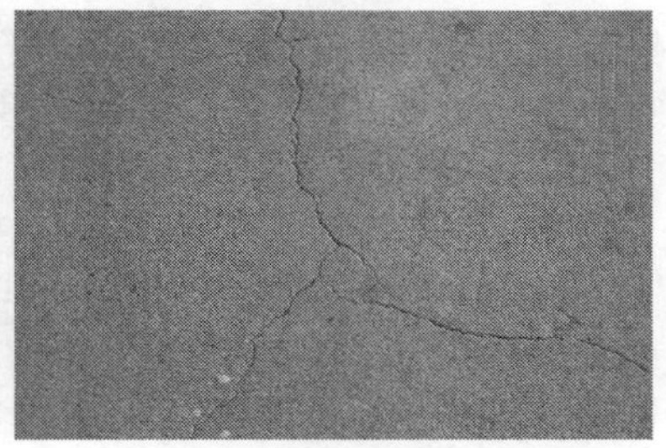

图 3.2.5 水泥混凝土路面交叉裂缝

维修方法：

①轻微裂缝（是指裂缝宽度在 0.5～3mm 以下的非扩展性表面裂缝）的维修，可采取灌缝的方法。采用胶布将缝口封牢，并涂上按 1∶2 配合并加热熔化的松香和石蜡，用压力灌浆器将低黏性胶乳灌入缝内。

当缝宽小于 3mm，边缘有碎裂的裂缝，可采取先把裂缝扩大，清缝后再灌缝处治。其方法是凿除缝隙处碎裂路面，顺着裂缝扩宽成 15～20mm 沟槽，槽深可根据裂缝深度确定，最大深度不得超过板厚的 2/3，将槽内杂物清除干净，吹净尘土后，填入粒径 3～6mm 的清洁石屑，灌入灌缝材料，或者用清洁石屑与灌缝材料按一定比例拌和后灌入缝内。

②中等裂缝（指裂缝宽度在 3～25mm 的裂缝）的维修，可采用条带罩面法：

a. 首先顺裂缝两侧各约 20cm，且平行于缩缝切 7～10cm 深两条横缝。

b. 在两横缝内侧用风镐凿出混凝土 7～10cm。

c. 距裂缝两侧 10cm，每隔 50cm 钻一对钯钉孔，其直径略大于钯钉的直径。

d. 用 $\phi16$ 的螺纹钢筋制作成长 20cm，弯钩长 7cm 的钯钉。

e. 将孔槽内填满环氧树脂砂浆，安装钯钉（图 3. 2. 6）。

f. 人工将切割的缝内壁凿毛，以增强新老混凝土的黏结力，人工清除破碎混凝土杂块。

g. 在修补处先刷一道水泥砂浆，然后浇筑快硬混凝土。

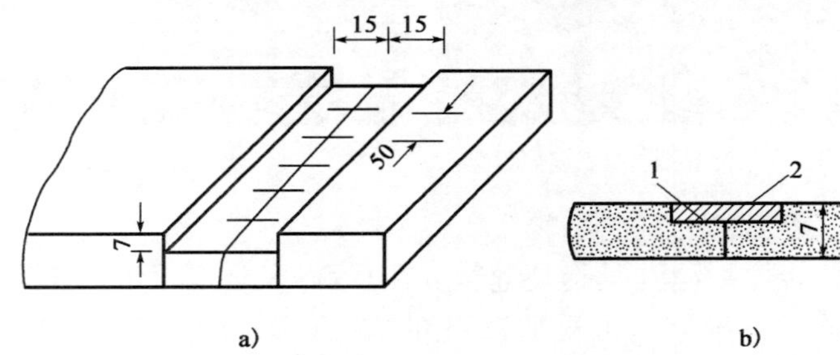

图 3. 2. 6　耙钉罩面示意图（尺寸单位：cm）

1-耙钉；2-新浇混凝土

③严重裂缝（指裂缝宽度大于 25mm 的裂缝）的维修。

a. 一般修理方法：将混凝土板裂缝凿成深 5 ~ 7cm 的长方形槽，刷洗干净后，用水泥砂浆涂抹槽壁和底面，然后用同强度等级的混凝土填补（图 3. 2. 7）。

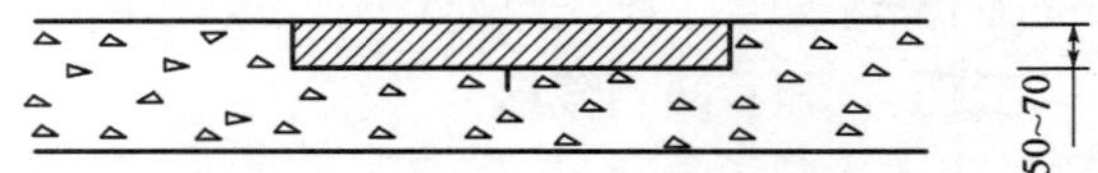

图 3. 2. 7　严重裂缝一般修理方法（尺寸单位：mm）

b. 较彻底的修理办法：将凹槽凿至贯通整个板厚，在凹槽边缘板厚中央打洞，深 10cm，直径 3 ~ 4cm，水平间距 30 ~ 40cm，每个洞应先将其周围润湿，插入一根直径 18 ~ 20mm，长约 80cm 的钢筋，然后用最大粒径为 5 ~ 10mm 的细粒式混凝土填塞捣实，洞口留下 1 ~ 2cm 不浇足，钢筋一半伸出洞外，待混凝土硬结后，再将凹槽边壁润湿，涂刷水泥浆一道，然后将与原来相同的混凝土浇入槽中夯捣密实（见图3.2.8）。

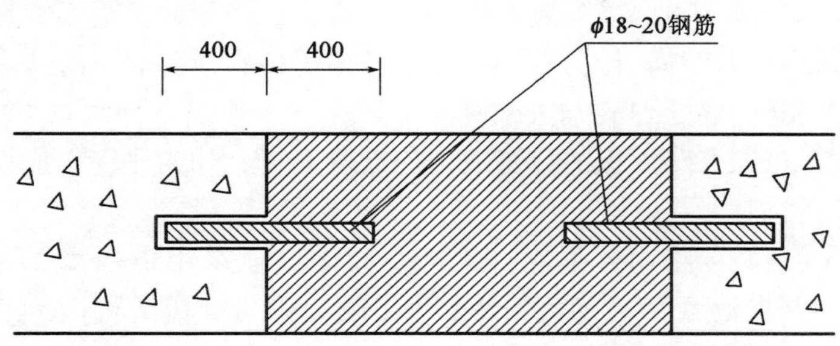

图3.2.8　严重裂缝彻底修理方法（尺寸单位：mm）

④裂缝较多时，把混凝土板块分割成三块或三块以上，宜采用换板处理。

⑤裂缝临时修补方法：对路面局部出现单条裂缝时，可将配制一定比例的沥青填缝料灌入缝内。

（2）板角断裂，是一条垂直通底且与板角两边接缝相交的裂缝（见图3.2.9）。损坏原因通常是由于板角处受连续荷载作用，基础脱空或支撑强度不足造成混凝土板从角隅处开始断裂。

图3.2.9　水泥混凝土板板角断裂

维修方法：

①切缝，根据断裂面的大小确定切割范围，一般控制在长宽比为1∶2范围内，凿除破损部分时，应凿成规则的垂直面，保留板内原有的钢筋、传力杆和拉杆。若传力杆有缺陷时，应按本书严重裂缝彻底处理的方法维修。

②与原有路面板的接缝面，应涂刷沥青，如为胀缝，应设置接缝板。

③现浇与路面同强度等级的混凝土（宜采用早强水泥混凝土），并振捣密实。与老混凝土板之间的接缝应切出宽3mm、深4mm的接缝槽，并灌入填缝材料。

④待混凝土达到强度后，方可开放交通。

（3）沉陷，是指水泥混凝土路面板和基层之间，由于出现空隙、空洞而导致路面出现竖向变形下沉（见图3.2.10）。其产生原因主要是路基填土下沉造成的。

图3.2.10　水泥混凝土板沉陷

维修方法：

①沉陷的范围较小且不严重时，可采用沥青混合料、沥青砂或沥青混凝土填补。

②由于路面板块基础损坏造成路面沉陷，应重新翻挖基础，处理后，重新修筑道路结构层。

③沉陷的范围较大，并产生破碎时，应进行整块板维修，并设置排水设施。设置排水设施的基本要求如下：

a. 路面和路肩应保持设计横坡，宜铺设硬路肩。

b. 路面裂缝、接缝以及路面和路肩接缝应进行密封。

c. 设置纵向积水管和横向出水管。

④水泥混凝土板和基层之间出现空隙、空洞而导致路面沉陷的，可采用水泥灌浆法：

a. 常用的材料：水泥、粉煤灰、水、外加剂等。

b. 施工配合比（推荐一个配合比：水泥：粉煤灰：水：外加剂 = 1∶1∶0.5∶0.001），根据施工实测，在相同水灰比情况下，流动性随着水泥与粉煤灰的比例产生变化；同时，粉煤灰比例也影响水泥浆的后期强度，在相同条件下，水灰比越大，则浆体的强度会逐渐降低，不宜采用过大的水灰比。

c. 灌浆施工：

（a）布孔，孔位布设一般为 4 ~ 8 孔，距离接缝 0.5m，应根据混凝土面板尺寸、裂缝状况以及灌浆机械等确定（见图 3.2.11）。

（b）灌浆孔大小应和灌注嘴大小一致，一般为 ϕ50mm 左右，钻孔深度一般超过混凝土板 2 ~ 3cm。

（c）灌浆压力的控制应视混凝土板的损坏及脱空情况具体确定，压力一般控制在 1.5 ~ 2.0MPa 之间。

（d）灌浆顺序从沉降量大的地方开始，由近到远，由大到小，直到路面板达到预定的高度为止。

（e）当浆液从接缝处或另一注浆孔冒出，就可认为完成该孔注浆，即停止注浆，迅速移至另一注孔继续作业，并停留 3 ~ 5min，效果较好。

（f）灌浆完毕，用木楔堵孔，养生 3 天以后开放交通。

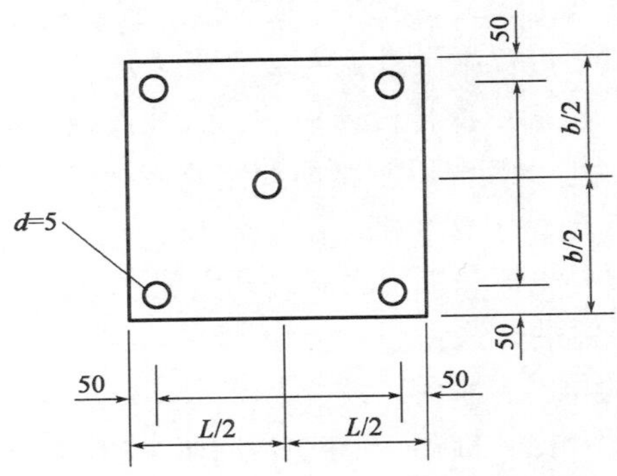

图 3.2.11　注浆的布孔形式（尺寸单位：cm）

d-灌浆孔孔直径；*L*-板长；*b*-板宽

（4）拱起，横缝两侧的板体发生明显的抬高现象（见图 3.2.12）。其产生原因主要是缝被硬物阻塞，或胀缝设置不当等。

图 3.2.12　水泥混凝土板拱起

维修方法：

①板端拱起但路面完好时，其维修方法：

a. 用切割机具缓慢地将被拱起端两侧的各 2 ~ 3 条横缝切宽、切深，通过释放其应力处理。

b. 切开拱起端，将板块恢复原位。

c. 板块恢复原位后，在缝隙和其他接缝内进行清缝，并灌填缝料。

②板端发生破损或断裂时，其维修方法：切割、凿除断裂或损坏部分，然后按本书严重裂缝处理的方法进行维修。

③板因硬物夹入而发生拱起时，应将硬物清除，清理接缝内的杂物和灰尘，灌填缝料。

④胀缝间因传力杆部分或全部在施工中设置不当，使板受热时不能自由伸张而发生的拱起，应重新设置胀缝。

（5）错台，是指接缝处相邻面板的垂直高差（见图3.2.13）。其产生的原因有：车辆荷载的作用、温度和湿度的影响，横缝处未设置传力杆，施工操作不当等。

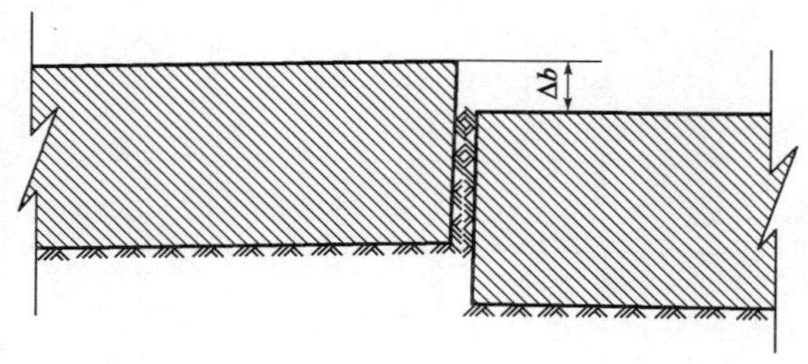

图3.2.13 水泥混凝土板错台示意图

维修方法：

①高差在4～10mm之间的错台，应采用研磨机进行磨平（见图3.2.14）。

a. 错台研磨时，应从最高点开始，纵向坡度控制在1%以内，横向宽度根据错台情况而定，直至相邻两块板块齐平。

b. 研磨时同时洒水，磨平后刻纹。

c. 清除接缝内的杂物，并吹净灰尘，重新灌缝。

②高差在 10mm 以上的严重错台，可采用以下方法处治：

a. 应将错台下沉板凿除 2～3cm 深，修补长度按错台高度除以坡度（1%）计算（见图 3. 2. 15）。

b. 清除混凝土碎屑和灰尘。

c. 浇筑环氧细粒式混凝土或其他聚合物乳液细粒式混凝土。

d. 对接缝重新处理并灌缝。

e. 混凝土达到强度后方可开放交通。

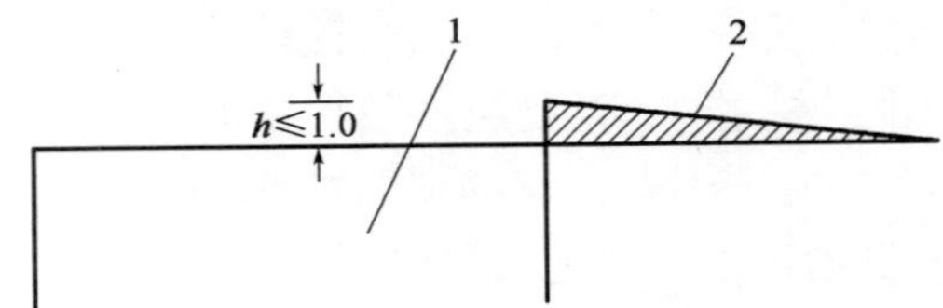

图 3. 2. 14　错台磨平法示意图（尺寸单位：cm）

1-下沉板；2-磨平

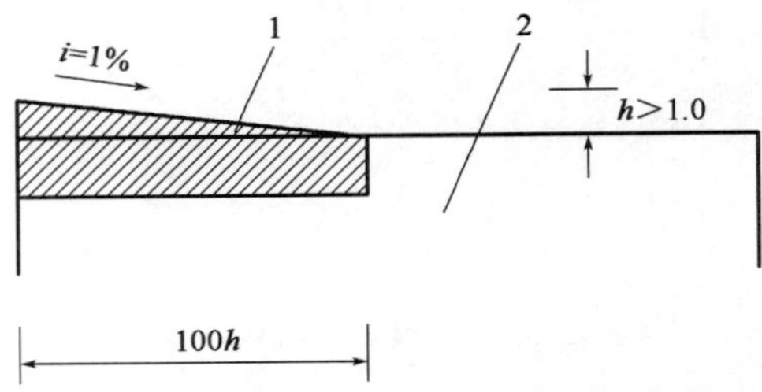

图 3. 2. 15　错台填补法示意图（尺寸单位：m）

1-凿除修补；2-下沉板

（6）坑洞，是指路面板表面呈现孔洞状破损现象，直径一般为2. 5～10cm，深为1～5cm（见图3. 2. 16）。其原因是：施工质量差或混凝土材料中夹带泥土等杂物，某些车辆的金属硬轮或掉落硬物的撞击等。

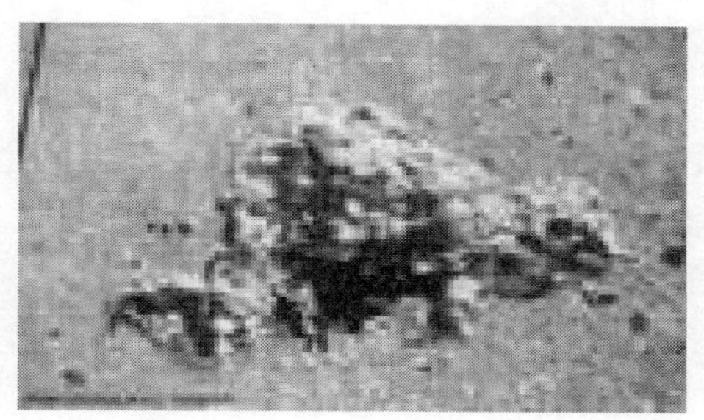

图 3. 2. 16　水泥混凝土板坑洞

维修方法：

①对个别较浅或不大的坑槽，可以采用环氧砂浆或环氧混凝土修补。按照以下方法修补：

a. 将修补区用粉笔沿着平行和垂直于路中心线方向标出一个矩形，面积不小于 150mm × 150mm。

b. 凿除修补区内的混凝土，深度不应小于 8cm。

c. 清除杂物和混凝土碎屑，用适量的水润湿，并涂刷水泥浆。

d. 用环氧砂浆或环氧混凝土填充，达到平整密实。

②对较大面积坑槽，可以采用以下方法修补：

a. 将修补区用粉笔沿着平行和垂直于路中心线方向标出一个矩形，面积不小于 150mm × 150mm。

b. 凿除修补区内的混凝土，深度不应小于 8cm。

c. 清除杂物和混凝土碎屑，用适量的水润湿，并涂刷水泥浆。

d. 用沥青混凝土填补夯平，达到平整密实。

③对较深的孔洞或连片的小坑洼应采取以下方法修补：

a. 放样、切槽、扫净吹干。

b. 配制黏结剂，黏结剂用环氧树脂时，施工前应选择硬化后具有足够抗拉强度与延伸率的基剂及固化剂材料配制。

c. 按混凝土板原来的配比配制混凝土，并掺加早强剂。

d. 把配好的黏结剂均匀地在坑面刷一层，把拌好的混凝土填入坑内摊铺，振捣到出浆。

e. 在上面覆盖大于修补边缘10cm左右的塑胶薄膜，用湿土在边部压封好，利用混凝土自身挥发的水分来养生，或喷洒养生剂养生。

修凿坑槽时，应注意避免形成新的裂缝以及防止好的路面和损坏部位的继续扩大。

④坑洞临时修补方法：将坑洞部分清洗干净，在四周刷一层水泥砂浆，然后用一定强度等级的水泥混凝土填筑并振捣密实，养护一段时间即可。

（7）严重破碎板，是指混凝土板被裂分为3块以上（见图3.2.17）。

图3.2.17 水泥混凝土严重破碎板

维修方法：

当裂缝分布遍及全板且伴有严重剥落或沉陷时，可将该板击破翻除，重新夯实基层，浇筑新混凝土板。

（8）边、角剥落，是指接缝两侧各60cm宽度内或板角15cm范围内的破碎（见图3.2.18）。其原因是：接缝落入坚硬的杂物、重交通荷载的重复作用、传力杆设计或施工不当、接缝处混凝土强度低等。

图 3.2.18　水泥混凝土板边、角剥落

维修方法：

①当边、角轻度剥落时，应将剥落的表面清理干净，并凿成规则的垂直面后用沥青混凝土或接缝材料修补平整。

②当边、角严重剥落时，其修补方法参照本书中等裂缝处理的方法进行。

③当边、角全深度破碎，其修补的方法参照本书严重裂缝和板角断裂处理的方法进行。

(9) 唧泥和脱空病害是指板接（裂）缝或边缘下的基层细料被渗入缝下并积滞在板底的有压水从缝中或边缘处唧出，并由此造成板底面向基层顶面出现局部范围的脱空。接缝填缝料失效、基层材料不耐冲刷、接缝传荷能力差和重载反复作用是引起唧泥的主要原因。

维修方法：

应采用压浆的方法，按照本书板块沉陷注浆维修的方法进行；在注浆完成后，对混凝土路面板纵横接缝、各种裂缝进行沥青嵌缝。

3.3 沥青路面

3.3.1 沥青路面养护基本要求

（1）必须加强巡路检查，随时掌握沥青路面的使用状况，加强路面日常保养和小修，及时修补各种破损，保持路面处于清洁、完好状态。

（2）加强路面排水设施的维修养护，保持良好的排水功能，及时修补路面破损，防止地表水渗入基层。

（3）对路面较大范围的损坏，应根据损坏程度，及时安排大、中修或专项养护工程，进行维修和整治。

（4）沥青路面的养护、修理，与气候条件密切相关，所用的沥青标号宜根据气候分区、施工季节气温、路面类型、施工方法和矿料种类等选用；粗、细集料和填料的规格、质量均应符合现行公路沥青路面施工技术规范的有关规定。

（5）沥青路面的养护质量标准应符合表 3.3.1 的规定。

沥青路面的养护质量标准　　表 3.3.1

评价项目	质量标准
路面综合破损率 *DR*（%）	≤8
平整度（mm）	≤8（3m 直尺）

注：路面综合破损率 *DR* 指在养护路段内，水泥混凝土路面实际破损面积占该路段路面总面积的比率，按下式计算：

$$DR = D/A = \sum\sum D_{ij} \cdot K_{ij}/A$$

式中：D——养护路段内的折合破损面积（m^2）；

A——养护路段的路面总面积（m^2）；

D_{ij}——第 i 类损坏、j 类严重程度的实际破损面积（m^2），见附录 B 沥青路面破损分类分级；

K_{ij}——第 i 类损坏、j 类严重程度的换算系数，可从附录 C 查得。

3.3.2 沥青路面日常养护

3.3.2.1 沥青路面日常养护

1）日常保养的要求

（1）经常保持路面表面清洁干净，及时扫除路面上的尘土、泥污等杂物，应特别注意消除石块、硬物等。

（2）加强巡路检查，掌握路面情况，随时排除有损路面的各种因素，发现路面初期病害，应及早修理。

2）路面保洁

（1）保洁方法同本书水泥混凝土路面保洁方法。

（2）路面保洁质量标准。

①发现路面上有杂物，应及时清扫，保持路面整洁。

②沥青路面的清扫作业频率应根据路面污染程度、交通量的大小、气候及环境条件等因素而定，规定清扫频率每天不少于1次。

③及时处理沥青路面油污染（如柴油、汽油、润滑油等），可采用木糠、砂、土灰覆盖路面上的油质，进行油质处理使损失降至最低，保证行车安全。

④雨后路面积水应及时排除。

⑤冬季除雪要求同本书水泥混凝土路面的相关规定。

3.3.2.2 沥青路面季节性预防养护

根据不同季节的气候特点、水和温度变化规律，按照“预防为主、防治结合”的原则，针对季节性路面病害特征，采取有效的技术措施，及时做好季节性养护工作。

（1）春季：做好裂缝类病害的灌、封修理，并及时快速修补坑槽、翻浆和松散等病害。

（2）夏季：特别注意沥青在高温下的变形，应及时处治泛油、拥包、波浪、车辙等病害。

（3）秋季：适时做好冬季病害的预防性保养修理，如裂缝的灌封修理、坑槽修补等。

（4）冬季：继续做好冬季病害的防治，及时处治沥青路面的低温损坏，并做好除雪防滑工作。

3.3.3 沥青路面小修工程

1）裂缝类

裂缝类包括龟裂、不规则裂缝、纵向裂缝、横向裂缝。产生裂缝的主要原因是气温变化、水文条件、路面强度和沥青材料等，多出现在低温季节（见图 3.3.1 ~ 图 3.3.6）。

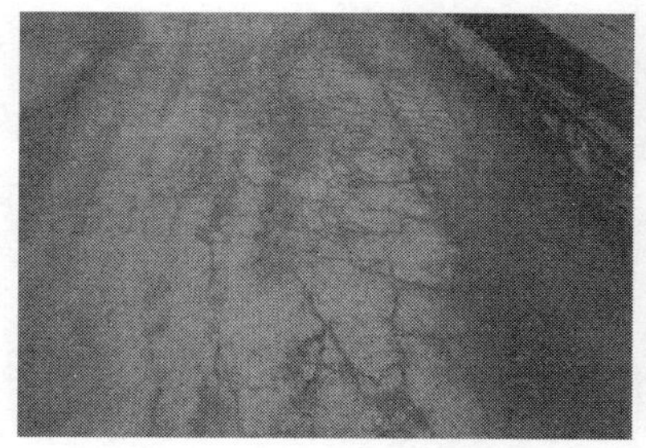

图 3.3.1 沥青路面网裂

图 3.3.2 沥青路面块裂

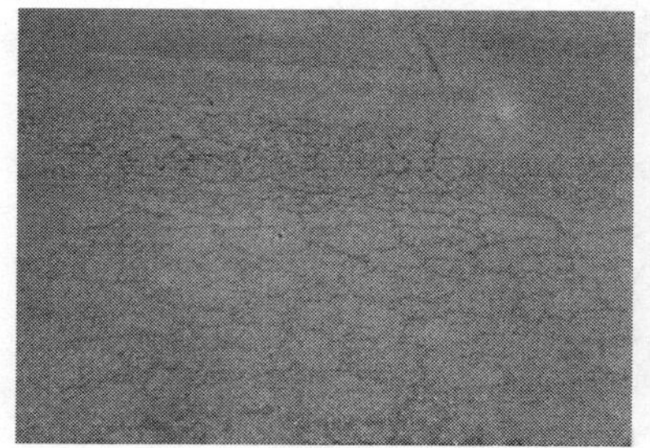

图 3.3.3 沥青路面龟裂

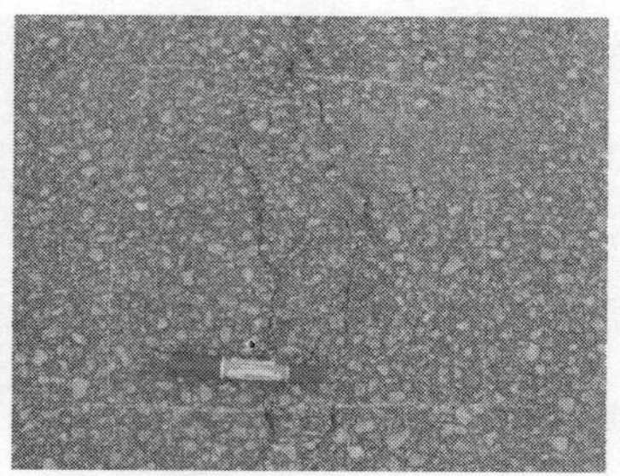

图 3.3.4 沥青路面横向裂缝

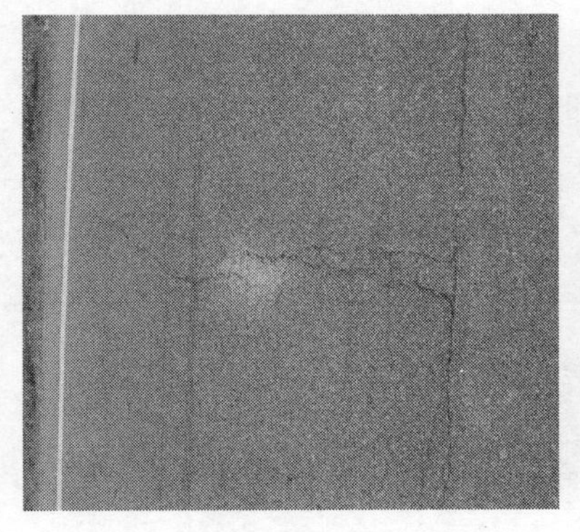

图 3.3.5　沥青路面纵向裂缝

图 3.3.6　沥青路面不规则裂缝

裂缝类维修方法：

(1) 裂缝的维修。

①轻微裂缝的维修：应剔除缝内杂物，将预热好的稠度较低的沥青灌入缝内，再用刮子将缝口刮平，随即撒一层薄砂并扫匀。

②严重裂缝的维修：

方法一：先把裂缝内处理干净后，可用拌好的沥青砂或细粒式沥青混合料填入缝中并捣实，再用烙铁熨平缝口，随即撒一层砂并扫匀。

方法二：沥青灌缝法，将加热（150～160℃）的沥青直接灌入裂缝，待沥青温度降至常温后即可开放交通。

(2) 龟裂的维修。

①由于土基和基层水稳性差出现的龟裂，可采取补强设计方法修补，其工艺如下：

a. 全部挖除损坏路段的路面、基层至路基。

b. 分层填筑路基，每层按照 10～15cm 厚填筑并夯实。

c. 按照原有路面基层的配比配料，分层铺筑基层，压实，并养生 7 天。

d. 重铺沥青面层，沥青混合料使用的材料、配合比应根据原有路面确定。

②由于土基或基层强度不够引起的龟裂，应分析具体情况，加铺面层或先处治基层和土基后，再重新铺筑沥青面层。加铺面层：施铺前对原路喷洒黏层沥青，采用中粒式、细粒式沥青混合料做罩面材料，一般厚度在 1.5 ~ 4.0cm。

③油层老化（基层完好）而产生的龟裂，一般可采用油砂封面进行封闭，严重的应加铺面层。油砂封面，是在原路面上喷洒黏层沥青，均匀洒一层细砂。

（3）网裂的维修。

①轻微的网裂，可采用刷油封面。

②严重的网裂，应分析具体情况，铣刨原损坏面层，重新铺筑沥青面层，或先处治基层和土基后，再重新铺筑沥青面层。

2）松散类

松散类包括坑槽、松散，产生的主要原因是未能及时修补路面出现的小块松散或严重裂缝等病害、基层强度不够、混合料拌和不均匀，沥青用量少、在低气温下施工等（见图 3.3.7 和图 3.3.8）。

图 3.3.7 沥青路面坑槽

图 3.3.8 沥青路面松散

松散类维修方法：

（1）坑槽的维修。

①路面基层完好，仅面层有坑槽时，按下列方法修理：

a. 冷补法：

（a）测定破坏部分的范围和深度，按“圆洞方补”的原则，画出大致与路中心线平行或垂直的挖槽修补轮廓线。

（b）开槽应开到稳定部分，槽壁要垂直，并将槽底、槽壁清除干净。

（c）在干净的槽底、槽壁上刷一薄层黏结沥青，随即填铺备好的沥青混合料，压实稳定后保持与原路面相平。

b. 热补法。

（a）首先用破碎工具铲除需补部位旧路面，清理干净。

（b）然后喷洒沥青黏结层。

（c）填充新混合料，并摊平、压实。

c. 喷补法：这种方法利用高压喷射方式，将乳化沥青经过喷管与输送来的骨料相混合，把混合料均匀、高速地喷洒到坑槽中，达到密实黏结效果。

②路面基层损坏，应针对损坏原因，先挖除路面和基层，重新填筑基层，再铺筑沥青面层，具体要求参照沥青路面施工规范。

③在雨雪寒冷季节，为控制坑槽扩展，可采用现有路面材料临时填补，待天气好转后再按规定要求修补。

（2）松散的维修。

①因沥青用量偏少或因气温低施工造成的沥青面层松散，其修补方法：

a. 可收集好松散料，待气温上升到10℃后，清扫干净，重作喷油封存。

b. 喷布沥青 0.8～1.0kg/m^2 后，撒 3～6mm 厚的石屑，并用轻型压路机压实。

②因油温过高，黏结料老化而造成的松散，应将松散部分全部挖除后，重铺沥青面层。

③因基层或土基松软变形而引起的松散，应先处理基层或土基的病害，而后重做路面。

④因石料与沥青黏附性差造成的松散，应将松散部分全部挖除，换取黏附性好的石料重铺面层；在缺乏碱性石料地区，应在沥青中加入抗剥落剂，或用石灰浆处理粗集料，改善沥青与矿料的黏附力，提高沥青混合料的水稳性。

3）变形类

变形类包括沉陷、车辙、波浪、拥包，产生的主要原因是路基填筑不密实、荷载超过路面各层的强度、路面压实度不足、油石比过大、级配不良等（见图 3.3.9 和图 3.3.10）。

图 3.3.9　沥青路面沉陷

图 3.3.10　沥青路面车辙

变形类维修方法：

（1）沉陷的维修。

①仅因面层不均匀沉陷引起的裂缝和下沉，但土基和基层密实稳定，可在沉陷处喷撒或涂刷黏结沥青，再用沥青混合料将沉

陷部分填补，并压实平整。

②因土基或基层结构遭到破坏而造成路面沉陷，应先将土基或基层修理好后，再修复面层。

③因路基沉陷导致路面破损严重，矿料已松动、脱落形成坑槽的，应按照修补坑槽的方法予以处治。

（2）车辙的维修。

①路面轻微变形：深度或高差（$H \leqslant 25$mm），对原路面进行拉毛处理。

②路面严重变形：深度或高差（$H > 25$mm），采用路面铣刨机铣除凸出部分，并清洗干净；喷洒0.3～0.5kg/m^2黏层沥青；采用与原路面结构相同的混合料铺筑，恢复路面横坡。

③因土基或基层强度不足引起的车辙，应先挖除面层，处理好土基或基层，然后重铺面层。

（3）拥包的维修。

①由于基层局部含水率过大引起的严重拥包，用挖补方法先处理基层，然后再重做面层。

a. 应把拥包连同面层、基层全部挖除至稳定部分。

b. 用水稳定性较好的材料更换已变形的基层，填筑、压实。

c. 重铺面层。

②由于基层局部强度不足或水稳性不好，使基层松软而导致的拥包，处理方法如下：

a. 应将面层和基层完全挖除。如土基中含有淤泥，还应将淤泥彻底挖除，换填新料并夯实，分层厚度控制在10～15cm。

b. 在地下水位较高的潮湿路段，应采取措施引出地下水并在基层下面加铺一层水稳性好的材料。

c. 重铺基层，分层厚度不超过15cm，并夯实。

d. 重铺面层。

③由于面层原因引起的严重拥包，应在气温较高时铲除，而后找补平顺，用烙铁烙平；面层较厚，拥包范围较大，气温较低时，可用铣刨机铣平，撒一层黏层油，再铺一层沥青混合料细料即可。

（4）翻浆的维修。

①因冬季基层中的水结冻引起冻胀，春融季节化冻而引起的翻浆应根据情况采用以下方法予以处治：

a. 换填基层材料。将面层和基层全部挖除，换填新料并夯实，分层厚度控制在10～15cm，重铺面层。

b. 对于局部发生翻浆的路段，可采用打石灰梅花桩或水泥桩的办法予以改善。

c. 加深边沟，并在翻浆路段两侧路肩上交错开挖宽为30～40cm，其间距为3～5m，沟底纵坡不小于3%，沟深应根据解冻情况，逐渐加深，直至路面基层以下。

②因路基冻胀使路面局部或大面积隆起影响行车时，应将胀起的沥青路面刨平，待春融后按翻浆处理的方法予以处治。

③因基层水稳定性不良或含水率过大造成的翻浆，应挖去面层及基层全部松软的部分，将基层材料晾晒干，并适当增加新的硬粒料（有条件时应换填透水性良好的砂砾或工业废渣等），然后分层（每层不超过15cm）填补并压实，最后恢复面层。

（5）波浪、搓板的维修。

①因基层强度不足或稳定性差等原因造成的波浪、搓板，应先对基层进行处治，再铺面层。其处治方法参照本书拥包的维修方法。

②因面层和基层间有不稳定夹层，面层在行车荷载作用下推移变形而形成波浪、搓板，应挖除面层，清除不稳定夹层，喷洒黏层沥青，重铺面层。

③因面层原因形成的波浪、搓板可按下述方法进行处治：

a. 路面仅有轻微的波浪、搓板，可在波谷部分喷洒沥青，并匀撒适当粒径的矿料，找平后压实。

b. 波浪、搓板的波峰与波谷高差起伏较大，应顺行车方向将凸出部分削平，并低于路表面约 10mm。削除部分喷洒热沥青，在匀撒一层粒径大于 10mm 的矿料，扫匀，找平，并压实。

c. 严重的大面积波浪、搓板，应将面层全部挖除，然后重铺面层。

4）其他类

其他类包括泛油、脱皮等，产生的原因是油石比过大、面层与基层之间黏结不良、矿料含土、粉料过多、矿料级配不好等（见图 3. 3. 11 和图 3. 3. 12）。

图 3. 3. 11　沥青路面脱皮

图 3. 3. 12　沥青路面油斑

维修方法：

（1）泛油的维修。

①轻度泛油，可撒 2 ~ 5mm 的石屑，通过行车碾压至不粘轮为止。

②泛油较重路段，可先撒 5 ~ 8mm 的矿料，待稳定后，再撒 2 ~ 5mm 的石屑或粗砂，引导行车碾压成型。

③泛油严重路段，先撒一层10～15mm或更粗些的矿料，用压路机压入达到基本稳定后，再分次撒5～10mm的矿料，引导行车碾压成型。

（2）脱皮的维修。

①由于面层与基层之间黏结不良造成的脱皮，应先清除脱落和已松动部分的面层，分析黏结不良的原因。若面层与基层间含有水分，应晾晒；若面层与基层之间夹有泥层，则应将泥沙清除干净，喷洒黏层沥青后，重铺面层。

②由于面层层间分离造成的脱皮，应将脱落及松动部分清除，在下层沥青上涂刷黏结沥青，重铺上层沥青混合料。

③由于面层与封层没有黏结好，初期养护不良而引起的脱皮，应先清除脱皮和松动部分，清扫干净后，撒上黏层沥青，重新封层，所铺封层的沥青用量及矿料规格视封层厚度而定。

3.4 弹石路面

弹石路面按弹石的尺寸规格和铺筑工艺标准的不同分为以下几类。

3.4.1 弹石路面养护要求

（1）弹石路面日常养护中的重点：一是做好排水，防止水对路面造成病害；二是及时填补嵌缝砂，减少路面变形；三是及时更换出现沉陷、坑塘处的弹石。

（2）由于砂砾、石子等会增加混凝土块表面的磨损，并且会影响行车的安全性，所以对混凝土块体路面需要经常进行清扫，以保持路面清洁。

（3）保证路面平整、横坡适度、线形顺直、清扫整洁、排水良好。

（4）加强巡路检查，掌握路面情况，及时排除有损路面的各种不良因素，发现路面初期病害应及早维修。

3.4.2 弹石路面小修保养工程

1）路面的破损类型

弹石路面破损主要有以下几种类型。

（1）坑槽：局部弹石沉陷，坑深大于3cm或弹石被压裂、破碎，露出砂垫层，面积在0.04m^2（相当于20cm见方）以上。如小面积坑槽多且又相近（20cm左右）时，应合在一起丈量。

（2）翻浆：由于排水不畅或砂垫层渗水性差（含泥量大），被车轮挤压后形成泥浆冒出路面的。

（3）沉陷：弹石路面局部低于正常路面，用3m直尺测定，最大高差大于3cm以上的。

（4）车辙：路面纵向产生低于正常路面的长条形凹槽，深度在3cm以上。

（5）拥包：路面出现高于周围正常弹石的隆起部分。

（6）跳石：个别弹石在车轮作用下跳出路面。

（7）缝隙失养：嵌缝砂缺乏，弹石路面两弹石间缝隙深度超过1cm的地方。

（8）横坡不适：规定弹石路面路拱在2%～3%之间，路拱过大、过小（±0.5%）或偏侧以及应有超高处而无超高者。

（9）平整度差：用3m直尺沿路面纵向每100m至少量1m。非整齐弹石路面当尺底间隙大于2cm以上的，按整尺3m计算病害。整齐弹石路面当尺底间隙大于1cm以上的，按整尺3m计算病害。

（10）损边：路面边缘的损坏，边石也随之歪倒或破坏，病害数量按单侧长度累加。

2）病害维修

（1）坑槽：对基层完好，仅有坑槽的情况：①画出所需修补坑槽的轮廓线。②沿所画轮廓线翻除弹石，开挖至坑底稳定部分，其深度不得小于原坑槽的最大深度。③填入填料并夯实。④重铺弹石；对于因基层局部强度不足等使基层破坏而形成的坑槽，应先处治基层，再修复面层。

（2）翻浆：因基层水稳定性不良或含水率过大造成的翻浆应翻除弹石后，挖除全部松软的基层部分，将基层材料晾晒干，并适当增加新的硬粒料（有条件时应换填透水性良好的砂砾或工业废渣等），分层压实后再恢复弹石面层。因雨季引起的翻浆，应根据情况采取以下方法予以处治：①换填砂砾；②加深边沟，并在翻浆路段两侧路肩上交错开挖30～40cm的横沟，其间距为3～5m，沟底纵坡不小于3%，沟深根据翻浆情况确定。如翻浆严重，除挖横沟外，还应顺路面边缘设置纵向盲沟。

（3）沉陷：因路基不均匀沉降而引起的局部路面沉陷，若土基和基层已经密实稳定，不再继续下沉，可只修补面层，将砂垫层进行调整；对含水率和空隙比较大的软基或含有有机物质的黏性土层，应对基层进行处理，宜采取换填处理，换填深度应视软层厚度而定。换填材料首先应选择强度高、透水性好的材料，如碎石土、卵砾石、中粗砂及强度较高的工业废渣，且要求级配合理。

（4）车辙：因车辆行驶推移而产生的车辙，应将出现车辙处的弹石翻起，重铺砂垫层进行调平；路面受横向推挤形成的横向波形车辙，如果已经稳定，在挖除弹石后，可将凸出的部分削除，然后填补垫层砂找平；因面层与基层间有不稳定的夹层而形成的车辙，应将弹石挖除，清除夹层后，重铺弹石；由于基层强度不足、水稳性不好，使基层局部下沉而造成的车辙，应先处治基层。

（5）拥包：已趋于稳定的轻微拥包，应将拥包处弹石挖起，将拥包削平即可；对较严重的拥包或路面多次出现拥包且面积较大，但基层仍稳定的，应将拥包全部除去，并低于基层表面1～2cm，然后回填相同材料并压实；因基层局部含水率过大，基层局部强度不足或水稳性不好使基层松软而导致的拥包，应将基层完全挖除，换填新料并夯实。

（6）跳石：将跳石位置的砂垫层重新调整后，铺入弹石。

（7）缝隙失养：进行嵌缝砂撒铺，撒铺1～2cm，然后进行清扫使砂嵌入缝隙并填满密实。

（8）横坡不适：将横坡不适路段弹石翻除后，挖除垫层砂，对基层表面路拱进行调整，满足要求后再回铺弹石。

（9）平整度差：若路基完好，仅平整度差的路段，将弹石翻除后挖除砂垫层，对不平整的基层进行处理；对于因基层局部强度不足等使基层破坏而形成的平整度不好，应先处治基层，再修复面层。

（10）损边：将边石挖出，若边石断裂或破损需进行更换，校正边石后重新填砂嵌缝。

3.5 砂石路面

3.5.1 砂石路面养护基本要求

（1）经常保持路面平整坚实，防止并及时修复路面的破损和变形，保持良好的排水，加铺磨耗层和保护层，同时保证路面必要的宽度和厚度等。

（2）应及时预防、检查和修补，使路面磨耗层和保护层经常保持完好。

3.5.2 砂石路面日常保养

（1）砂石路面的保养工作主要是对保护层的养护，磨耗层的修补，排出路面积水，保持路面清洁。在进行扫砂、匀砂等保养工作时，必须注意防止对路面结构层的破坏。

（2）保护层及磨耗层的保养应做到及时添砂、扫砂、匀砂和除细粉。

①添砂。砂粒要颗粒匀称，质地要坚硬。添加量应根据交通量大小、气候、季节等情况而定。多雨季节砂层宜厚一些，干燥或旱季可薄一些；平曲线上宜厚一些，直线上宜薄一些。保护层一般厚度为5～10mm。

②扫砂。采用机械或人工扫砂，应把路面上被车碾飞到路面两边和路肩上的砂子及时均匀地扫回到路面上。

③匀砂。为使保护层均匀平整，不起波浪，应经常匀砂。匀砂应掌握雨前多匀，砂厚多匀，添砂后多匀。一般每天匀一遍。

④除细粉。保护层及磨耗层粒料被车碾压后，细粉增多，在雨季压实后形成细粉层，宜产生波浪、坑槽，影响路面坚实平整，应及时清除。

（3）砂石路面季节性养护。

雨季是砂石路面养护的不利季节，应加强日常养护。做到雨前扫砂匀砂，保持路面平整；雨中注意排水，不使路面、路肩积水；雨后注意修补波浪和坑洞。

3.5.3 砂石路面的小修工程

1）磨耗层的维修

（1）磨耗层发生高低不平，应铲除凸出部分，并用同样润湿的混合料补平低凹部分，碾压密实，使之与原磨耗层保持一致。

（2）局部路段磨耗层全部被磨损，应清除残存部分，整平洒水润湿，然后按新铺的磨耗层的方法，用同样的混合料重铺。

（3）磨耗层经车碾压减薄，还基本可以利用时，可以加铺一层封层。为使上下层结合良好，应先将原磨耗层上浮砂等清除，然后撒铺一层黏土，洒水扫浆，铺上混合料，整平、洒水、压实。

2）路面坑槽和车辙的维修

（1）面积较小深度较浅的坑槽或车辙，可先将坑槽和车辙内的尘土杂物清除，洒水润湿，再用与原路面相同的材料拌和填补并碾压密实。

（2）面积较大深度较深的坑槽或车辙，按照以下方法进行维修：

①先将修补的地方画出规则形状的轮廓，做到圆洞方补，并清除杂物。

②沿轮廓垂直挖槽，挖槽的深度不小于原坑槽的最大深度，做到浅洞深补，对下层材料应尽量避免扰动，有松动的一并挖出。

③路面坑槽较多，坑槽之间的距离又近，可以将相邻的坑槽画为一片，按片挖槽进行修补。

④采用原路面相同的材料进行摊铺，压实系数采用1.3，以便碾压后与原路面齐平。

（3）坑槽或车辙深达路基，应先处理路基土层，遇有稀泥应挖除干净，并整平后重新填筑土并压实。挖除路基深度超过30cm时，应分层填筑压实，再在其上修铺路面。

3）路面松散的维修

路面出现松散时，应将保护层和松动的材料扫集堆起，然后整平路面表层，洒水润湿，把扫集的松动材料进行筛分，补充新的材料，按比例加适量的黏土拌和均匀摊铺，进行压实。

4）路面翻浆的维修

（1）当路面出现潮斑，可在路肩上每隔5m开挖横沟，深达路面以下，用以排水。

（2）采用加深边沟等方法降低地下水位。

（3）路面翻浆，挖出翻浆土，重铺路面。如果是路基翻浆引起的，应先处理路基翻浆。

5）面层及磨耗层波浪的维修

（1）面层波浪的维修。

①轻微波浪且较为稳定，应予以铲高补凹，保持平整。

②波浪严重，可以进行大修，必要时还需处理路基。

（2）磨耗层波浪的维修。

①轻微波浪路段，洒水使磨耗层处于湿润，铲平高凸部分，拉毛整平凹陷部分，刮出的粒料如黏性不足，可以添加适量的黏土拌和铺平，及时碾压密实。

②严重波浪路段，应铲除高凸部分，重铺磨耗层混合料。

3.6 土路面

3.6.1 土路面养护基本要求

（1）经常保持路面平整、整洁、横坡适度、排水良好，逐步改善以提高其使用质量，路面应定期清扫，保持整洁，减少尘土。

（2）干旱季节应勤洒水灭尘，做到“多遍、少洒、洒匀”，防止路面泥泞阻车。

（3）雨季应及时整修路面横坡，修补坑槽，做好防水排水工作，做到雨季前防护、雨中巡路、雨后修复。

3.6.2 土路面维修要求

（1）维修时，宜用与原路面相同的材料和配合比，保持原有部分与修补部分强度的一致性。

（2）路面出现轻微坑槽、车辙、波浪、沉陷等，可在其上适量洒水，接近最佳含水率时，填补材料，刮平、碾压密实。

（3）路面出现较深的坑槽、车辙、波浪、沉陷等，其维修应符合下列要求：

①清除路面杂物，排除积水。

②在坑槽底面及四周洒水润湿。

③刨松破损表面。

④填补和原路面基本相同的材料，掺入塑性指数不低于12的黏性土。

⑤用人工或机械刮平后，用压路机或夯实工具压实，达到最大密实度。

（4）铺料、碾压等关键工序应保证材料的含水率，扬尘严重的路段，有条件时，可利用氯盐类作灰尘处理，一般氯化物（氯化钠、氯化镁溶液用量为3.6kg/m^2，固体氯化物用量为0.5～0.8kg/m^2），每季度浇洒1～2次。

3.7 碾压混凝土路面

3.7.1 碾压混凝土路面养护基本要求

经常保持路面整洁、横坡适度、排水良好，路面应经常清扫，保持整洁，减少脱落粒料在车辆的碾压下对路面再次损伤。

3.7.2 碾压混凝土路面维修要求

（1）维修时，宜用与原路面相同的材料和配合比，保持原有部分与修补部分强度的一致性。

（2）裂缝的处治。

碾压混凝土路面出现裂缝，需要进行及时的封填处理，有效阻止水分的渗入，防止病害的进一步扩展和蔓延。具体步骤为：

①当裂缝宽度超过3mm，应该进行切缝。切缝完成后，将缝内的杂物清除。②将密封胶加热到指定温度以后，灌入裂缝。

（3）坑槽、车辙、波浪、沉陷等病害的维修要求：

将出现病害的路面沿病害边缘呈矩形挖除，然后使用填隙碎石或路面原有基层材料进行回填至原基层高程；再用和原路面相同配合比的材料填入，并夯实，见图3.7.1。

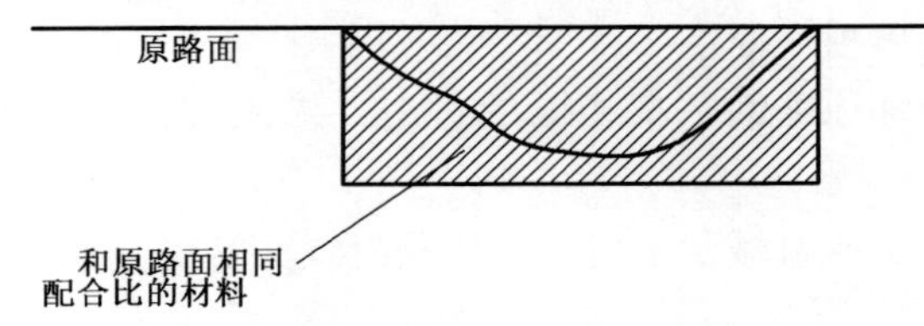

图3.7.1　坑槽、车辙、沉陷等病害的处治图

4 桥梁与涵洞

4 桥梁与涵洞

梁桥受力特点是外力的作用方向与主要承重结构的轴线近乎垂直，因而和同跨径的其他桥型相比，梁桥内产生的弯矩最大，需要用抗弯和抗拉能力强的材料来建造，见图 4.0.1 和图 4.0.2。拱桥受力特点是拱肋承压、支承处有水平推力，见图 4.0.3 和图 4.0.4。

图 4.0.1 梁桥

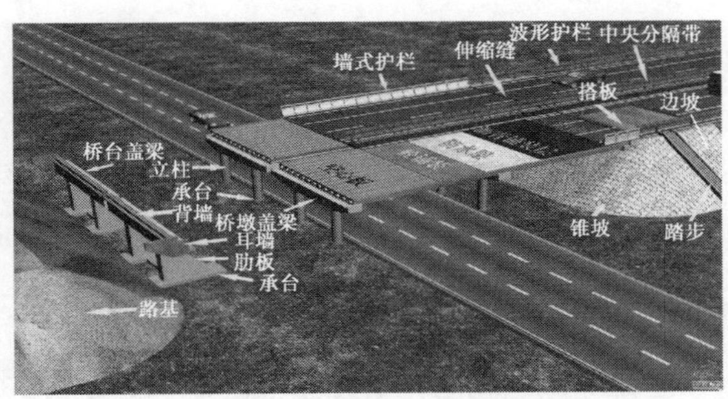

图 4.0.2 梁桥各部位名称

图 4.0.3　拱桥

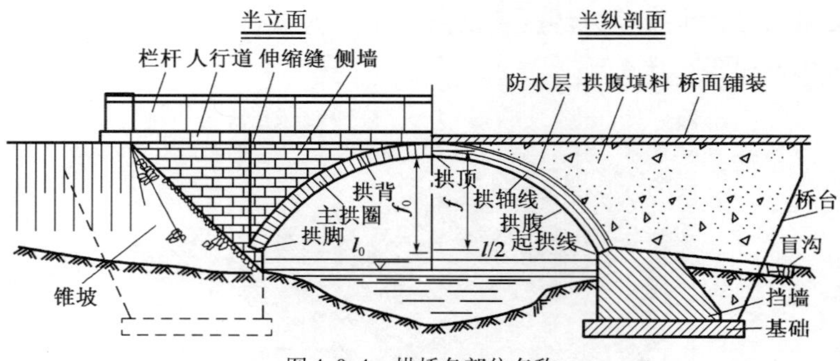

图 4.0.4　拱桥各部位名称

4.1　一般规定

4.1.1　目的

桥涵构造物是确保公路畅通的关键设施，为保证农村公路正常使用，必须加强桥涵构造物的检查和保养、维修与加固工作，使其处于完好的技术状态。

4.1.2　工作内容

主要包括桥涵构造物的技术状况、保养、维修与加固；桥涵构造物的安全防护；技术档案的建立与数据更新等方面。

4.1.3 基本要求

保持原设计载重等级要求，保证车辆正常通行；保持重要部件功能与材料均良好；外观整洁、桥面铺装坚实平整、横坡适度、桥头连接顺适、排水畅通、结构完好无损、附属设施齐全完好。

4.1.4 桥梁检查

桥梁检查的种类分为经常性检查、定期检查和特殊检查三种。

经常性检查的目的是确保桥梁结构功能正常，使结构能得到及时的养护和紧急处治，对一些重大问题作出报告。该项检查的特点是检查人员有机会在各种天气情况下对桥梁进行观察。

定期检查是对桥梁结构的质量状况进行定期跟踪的全面检查。通常是委托专业桥梁检测机构，通过仪器设备实地判断病害原因，作出质量状况评分，并估计需要维修的范围及方法，或提出限制交通的建议。对需要进一步查明原因或继续观察的缺损部件，提出特殊检查或下次检查的时间要求。

特殊检查是因各种特殊原因由专家们依据一定的物理、化学无破损检验手段对桥梁进行的全面察看、测强和测缺，旨在找出损坏的明确原因、程度和范围，评定结构实际状况，分析损坏所造成的后果以及潜在缺陷可能给结构带来的危险。特殊检查一般由现场检查和实验室测试分析两大部分组成。

本书以经常性检查为主。

（1）桥梁的经常性检查主要是对桥梁上部结构和墩台及附属构造物的技术状况进行日常巡视检查，发现缺损及时进行小修养护工作。

（2）桥梁的经常检查，由政府主管部门委托专业检测机构负责，每季度至少进行一次，汛期应加强检查，适当增加检查频率。

（3）经常检查一般采用目测方法，也可配合简单工具进行测量，并当场填写“桥梁经常检查记录表”（见附录），登记所检查项目的缺损类型、缺损范围及养护工作量，建议采取的养护措施，并在缺损位置用油漆标注范围大小和日期，同时拍照记录。

（4）经常检查中发现桥梁重要部（构）件存在明显缺损，达到三、四、五类技术状况的病害时，应及时向政府主管部门报告，并采取相应的措施，如限载、限速、直至封闭交通等措施。桥梁技术状况分类标准见附录。

（5）经常检查包括下列内容：

①桥面铺装是否平整，有无裂缝、局部坑槽、波浪、碎裂，桥头有无跳车。

②桥面泄水管是否堵塞和破损。

③桥面是否整洁，有无杂物堆积。

④伸缩装置是否堵塞卡死，联结件有否松动、局部破损。

⑤人行道、缘石、栏杆、扶手和引道护栏（柱）有无撞坏、断裂、松动、错位、缺件等。构件表面的涂装层是否完好，有无老化变色、开裂、起皮、剥落锈迹。

⑥翼墙（侧墙、耳墙）有否开裂、风化剥落和异常变形。

⑦锥坡、护坡有否局部坍塌，铺砌面有否塌陷、缺损，有否垃圾堆积、灌木杂草丛生。桥头排水沟和行人台阶是否完好。

⑧交通安全设施、交通标志是否完好。

⑨其他显而易见的损坏或病害。

4.1.5 桥涵的养护管理工作，除执行本书的规定外，还应符合国家行业标准、规范要求。

4.2 桥面系的养护与维修

4.2.1 基本要求

桥面要经常清扫，保持桥面行车道和行人道清洁，保持桥面清洁完整和有一定路拱。及时排除积水、积雪和积冰。及时清除伸缩装置内沉积物。

4.2.2 常见病害

(1) 桥面不整洁。

桥面不清洁，积存的垃圾、泥土等污物形成硬块，极易造成泄水孔堵塞，易使下雨时产生桥面积水、渗漏甚至冻胀，影响行车，更降低桥梁的耐久性。

(2) 桥面破损。

在行车的不断作用下，桥梁的桥面铺装层容易损坏，其病害表现为坑凹不平、网裂、开裂，采用沥青材料铺装的桥面比采用水泥混凝土铺装的桥面更容易遭到损坏。

(3) 桥面不平整。

桥面坑凹不平会影响正常行车，轻则使车辆颠簸，重则产生跳车。当车辆经过跳车处时，不仅要低速行驶，而且会因为振动引起和加剧桥梁构件的疲劳损伤，如果不及时维护，势必缩短桥梁的使用寿命。

(4) 桥头跳车。

由于桥头引道产生不均匀沉降，致使桥面与引道连接处不平整、不顺适，从而使车辆驶过桥头时产生跳车。桥头跳车不但影响车速，降低行车质量，而且影响桥梁的使用寿命。

（5）栏杆破损。

造成栏杆局部损坏的主要原因是机动车交通事故，少数是人为碰损或由于盗窃所致。桥梁栏杆损坏，如不及时修整，不但影响美观，更重要的是使行车或行人产生不安全感。

4.2.3 桥面保洁

（1）可采用人工配清扫工具（扫帚、铁锹、铲等）或采用小型清扫机、洒水车等小型机具进行保洁作业。

（2）保洁要求：

①及时清除桥面上垃圾、堆放的杂物，清扫作业频率应根据桥面污染程度、气候及环境条件等因素而定，保持桥面整洁。严禁在桥面上堆放杂物或占为晒场。

②雨后桥面积水应及时排除，排除的方法可采用人工清扫。

③遇下雪天时，应及时清除积雪，可采用人工清扫铲除、撒盐、撒融雪剂等方法清除，防止桥面结冰，保证桥面安全。

④及时清除桥面上因交通事故等原因遗留的污物，保证桥梁畅通。

4.2.4 桥面铺装

桥面铺装是车辆直接作用的部分，其主要功能是防止车辆轮胎或履带直接磨耗桥面板；保护主梁免受雨水浸蚀；分布车轮的集中荷载。桥面铺装材料主要有水泥混凝土和沥青类材料两种。

4.2.4.1 沥青类桥面铺装

沥青类桥面铺装出现表面碎裂或脱皮、拥包、波浪、坑槽等现象；当损坏面积不大时，应将破损部分凿除，进行局部修补。损坏面较大者，可将整跨铺装层凿除，重铺新的铺装层。可参见本书沥青路面的修补方法。

4.2.4.2 水泥混凝土桥面铺装

当水泥混凝土桥面出现断缝、错台、露骨、剥落等病害时（图4.2.1），应及时处治，损坏面积较大时，应整块或整跨、整桥凿除，重新铺装。可参见本书水泥路面的修补方法。

图4.2.1　桥面铺装层破损

4.2.4.3　桥面防水层

若桥有渗水现象，说明桥面防水层有损坏，应进行修复，见图4.2.2和图4.2.3。

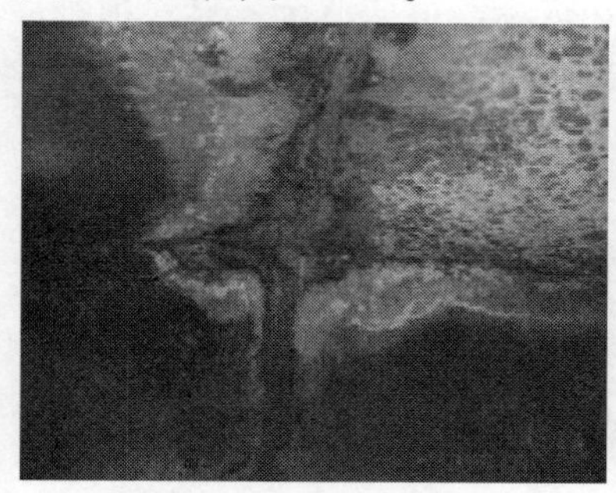

图4.2.2　桥面板渗水

图4.2.3　主拱圈渗水

（1）查找渗水位置，并用粉笔画出范围。

（2）凿除该范围内的桥面铺装层至梁体或主拱圈。

（3）重新铺设防水层或涂防水材料。

（4）按本书5.2.3节要求浇筑桥面铺装材料。

4.2.5 排水系统

（1）排水系统包括桥面泄水管（孔）、排水槽。主要病害包括泄水管管道破坏、脱落、堵塞；排水槽破裂、堵塞等。

（2）养护及处治要求：

①排水系统如有堵塞，应采用人工或专用疏通工具清理、疏通。

②泄水管损坏及时更换，已脱落的要重新安装接上。

③排水槽破裂应及时更换。

④桥面排水系统疏通修理后，泄水管下端应露出不少于10cm。

4.2.6 人行道、栏杆、护栏

（1）桥面行车道和人行道应保持清洁，及时排除积水、积雪和积冰。

（2）桥梁栏杆应经常保持完好状态，定期清洗，保持清洁。如有缺损，应及时修复。一时无法立即修复的，采用的临时防护措施应牢固、醒目，使用时间不得超过2个月。

（3）如发现钢筋混凝土栏杆有裂缝或剥落（图4.2.4），轻者可灌注环氧树脂修补，严重者应凿除损坏部分，对修补部位进行凿毛，采用喷射、压浆或直接浇筑等方法进行混凝土修补。如断裂，则应按原式更换。

（4）桥梁两端的栏杆柱，必须成倒八字形，涂以20cm宽黄黑相间的油漆，倒角角度为45°，一般一年进行一次定期涂刷，保持油漆颜色鲜艳。

（5）钢质构件应经常洗刷，宜一年进行一次定期涂锌或油漆。

（6）桥面缘石应经常保持完好。如有缺损，应及时修复或更换。

图 4. 2. 4 栏杆破损

4. 2. 7 伸缩装置

4. 2. 7. 1 常见伸缩装置的构造形式

1）锌铁皮伸缩缝

这类伸缩缝是以锌铁皮为跨缝材料。施工时，将锌铁皮弯制成断面呈 U 形的长条，锌铁皮可以是单层也可以是双层，沿桥的横向嵌设于缝内，其两边与两侧混凝土梁或梁与桥台雉墙顶面固定在一起。U 形槽内用软性防水材料如沥青胶等填充。该伸缩缝构造简单，一般适用于中等跨径的桥梁，见图 4. 2. 5。

2）钢板伸缩装置

这类伸缩装置又称钢制支撑式伸缩装置，因为是用钢材装配制成的，所以能直接承受车轮荷载。钢板伸缩装置的形状、尺寸和种类较多。

图 4. 2. 6 为钢板叠合型，又叫平板式，是用一块厚度约为 10mm 的钢板覆盖在断缝上，钢板的一边焊在锚固于桥面的角钢 2 上，另一边可沿着对面的角钢自由滑动。该伸缩装置适用于梁变形量较小的桥梁。当变形量大，交通量更大时，可采用梳形钢板伸缩装置，如图 4. 2. 7 所示。这种装置结构本身刚度较大，抗

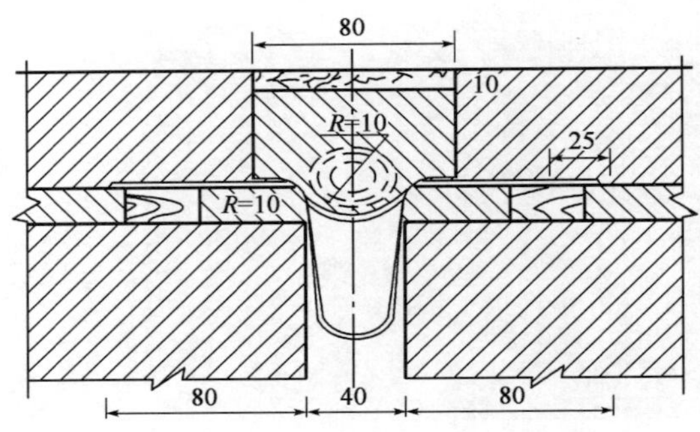

图 4.2.5　锌铁皮伸缩缝（尺寸单位：mm）

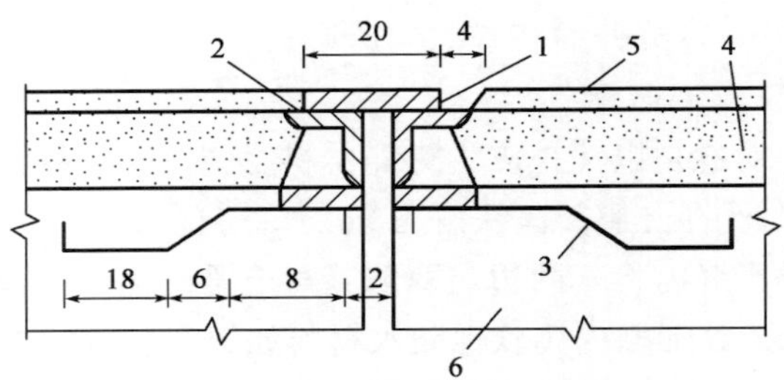

图 4.2.6　钢板叠合型伸缩装置构造示意图（尺寸单位：mm）
1-钢板；2-角钢（8mm×5mm）；3-锚固钢筋；4-混凝土铺装；
5-沥青铺装；6-主梁

冲击力强，因此在工程中广泛采用。

3）条式橡胶伸缩装置

条形橡胶伸缩装置是我国 20 世纪 70 年代在小跨度公路桥上常用的一种伸缩装置。它主要是利用夹在伸缩装置中的条形橡胶的弹性来达到伸缩的目的。橡胶条的截面可以做成空心板形、M 形及管形等弹性变形较大的形式，见图 4.2.8。

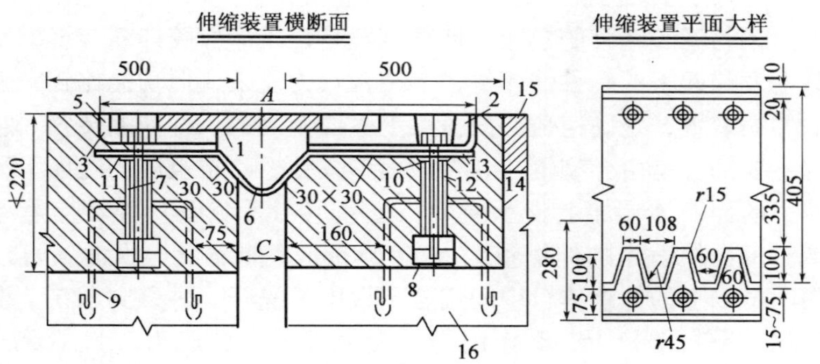

图 4.2.7 梳型伸缩装置构造（尺寸单位：mm）

A-伸缩装置宽度；*C*-伸缩装置间隙量

1-梳型钢板；2-橡胶梳型板；3-橡胶板下钢垫板；4-橡胶梳型板下钢垫板；6-橡胶防水带；7-水平钢筋；8-方螺母；9-工地预埋钢筋；10-锚固螺栓套筒；11-方垫板；12-锚固螺栓；13-垫板；14-现浇 C30 混凝土；15-桥面铺桩；16-行车道块件

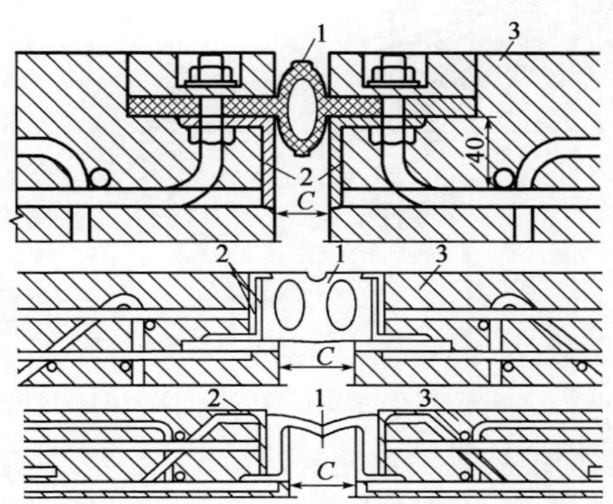

图 4.2.8 条式橡胶伸缩装置一般构造

1-橡胶；2-角铁；3-混凝土

4）钢与橡胶组合的模数式伸缩装置

钢与橡胶组合的模数式伸缩装置是在条形橡胶伸缩装置的基础上发展起来的一种伸缩量大，结构较为复杂，但功能比较完善的伸缩装置，是高速公路的桥梁上主要使用的一种伸缩装置。它的主要部分是由异型钢与各种截面形式的橡胶条组成的犹如手风琴式的伸缩体，加上支承横梁、位移控制系统以及弹簧支承系统。每个伸缩体的伸缩量为 60 ~ 100mm。伸缩量更大时，可以用两个以上的伸缩体，中间用若干根中梁隔开。中梁支承在下设横梁（顺桥向）上，其作用是承受大部分车轮压力。为了保证伸缩时中梁始终处于正确位置，作同步位移，将中梁底部连接在连杆式或弹簧式的位移控制系统上。当伸缩体做成 60、80、100mm 三种型号时，视中梁根数不同，可以组合成宽度为 60、80、100（mm）倍数的各种伸缩装置。见图 4.2.9。

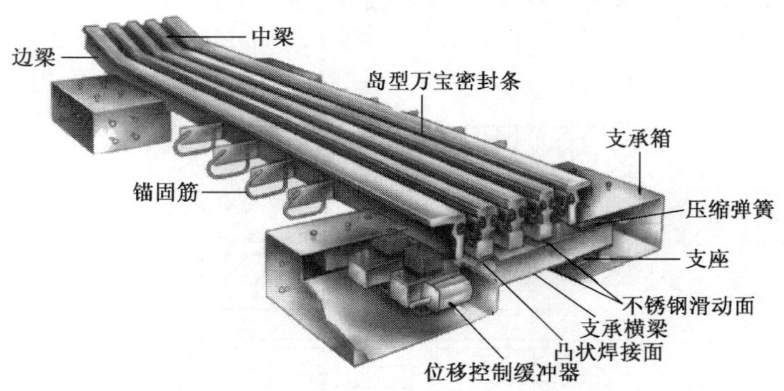

图 4.2.9　钢与橡胶组合的模数式伸缩装置的一般构造

4.2.7.2　伸缩装置的常见缺陷

桥面伸缩装置由于设置在梁端构造薄弱部位，直接承受车辆反复荷载的作用，又多暴露于大自然中，受到各种自然因素的影响，因此，可以说伸缩装置是易损坏、难修补的部位。各种伸缩缝装置一般具有的缺陷往往表现在伸缩缝本身的破坏损伤、锚固件损坏、接头周围部位后铺筑料的剥落、凹凸不平等等，这些缺陷也成为伸缩缝处漏水的原因，从而加速支座和结构本身的恶化。

伸缩缝装置的损坏往往还会引起驾驶员心理上的不快，从而可能引发交通事故。

（1）锌铁皮伸缩缝常见缺陷。

①软性防水材料如沥青砂或聚氯乙烯胶泥等老化、脱落。

②伸缩缝凹槽填入其他硬物，不能自由变形。

③锌铁皮上压填的铺装层如水泥混凝土或沥青混凝土等断裂、剥离。

④伸缩缝上后铺压填部分发生沉陷，高低不平。

⑤由于墩台下沉，出现异常的伸缩，车辆行驶时出现冲击及噪声。

（2）钢板伸缩装置（包括梳形钢板伸缩装置）常见缺陷。

①角钢与钢筋混凝土锚固不牢，使钢板松动，在车辆行驶时受到冲击振动，会加速其破损。

②缝内塞进石块或杂物，使伸缩装置接头活动异常，不能自由变形。

③排水管发生破坏损伤或被土砂堵塞。

④表面钢板焊接部位破坏损伤。

（3）条式橡胶伸缩装置常见缺陷。

①橡胶条破坏损伤（图4.2.10）。

②橡胶条剥离。

③在橡胶嵌条连接部位漏水。

④锚固构件破损、锚固螺栓松脱。

⑤伸缩装置构造部位下沉或凸出。

图 4.2.10 橡胶条损伤

⑥车辆行驶时不适，发生噪声。

（4）钢与橡胶组合的模数式伸缩装置常见缺陷。

①主要中梁构件开焊，出现晃动、噪声。

②密封橡胶带迅速老化、脱落或跳出，严重漏水。

③装置两侧混凝土出现裂缝、坑槽，锚固系统不理想，出现局部或整体性破坏（图 4.2.11）。

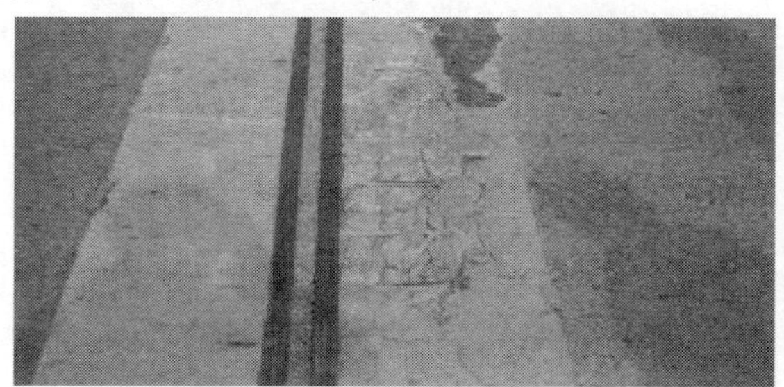

图 4.2.11 锚固混凝土缺损

④缝内塞进石块或杂物，使伸缩装置接头活动异常，不能自由变形。

4.2.7.3 伸缩装置的日常检查

桥面伸缩装置是最容易遭破坏而又相对难以加强和修复的部位，如果置小破损于不顾，势必会发展成严重的破坏，就会严重影响交通，甚至会危及行车安全，这时就得进行修补或彻底更换。有计划、有组织地做好经常性的检查工作可以尽早地避免因小的损坏而演变成大的破坏。注意做好经常性的检查、养护等工作，及时进行修补，是非常重要的。

日常检查工作主要包括：

（1）伸缩装置是否堵塞、挤死、失效；各部分的构件是否完好；

（2）锚固连接是否牢固，连接件是否松动；有无局部破损；

（3）密封橡胶带是否老化、失去弹性、异常变形或开裂；

（4）伸缩装置是否有不正常的响声的伸缩装置；

（5）伸缩装置各基本单元间隙是否均匀；

（6）钢构件是否锈蚀、变形；

（7）伸缩装置处是否平整，有无跳车现象等。

4.2.7.4 伸缩装置的养护

桥面伸缩装置要经常注意养护，使其发挥正常作用。其日常养护工作的主要内容如下：

（1）伸缩装置应经常保养，清除缝内沉积物，不得被杂物或泥沙堵塞（图4.2.12）；拧紧螺栓，并加油保护，保证其正常发挥作用。如有损坏和老化，应修复或更换。

图4.2.12 伸缩装置阻塞

（2）伸缩装置前后桥面凹凸不平大于5mm，出现裂纹、坑槽等破坏时，应进行修补。

4.2.7.5　伸缩装置的维修

（1）修补前应查明原因，采用行之有效的、与之相适应的修补方法。修补工作要依据缺陷的程度，或部分修补，或部分以致全部更换。

（2）对于钢板伸缩装置，当钢板与角钢焊接破裂时，应清除垢秽，重新焊牢；当梳齿断裂或出现裂缝后，也要采取焊接方法进行修补，见图4.2.13。排水沟堵塞后应及时予以清除。

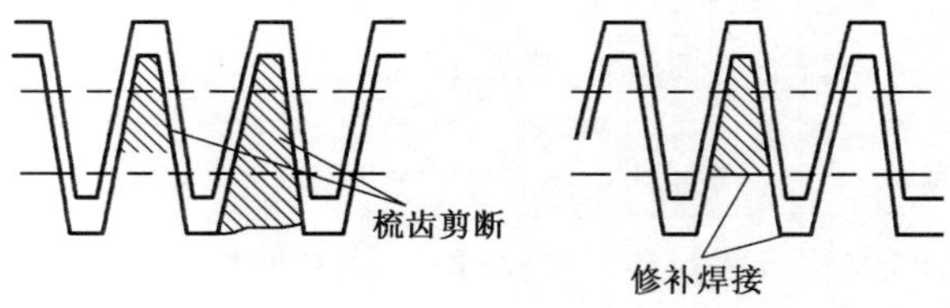

图4.2.13　梳行钢板伸缩装置当梳齿断裂时的修补

（3）橡胶伸缩装置：凿除原伸缩装置两边各宽约40cm范围的铺装层材料并露出桥面钢筋，清除原有伸缩装置，同时清洗吹扫干净凿除区域，然后按新缝尺寸开凿安装槽。应预先埋好锚筋，锚筋必须埋设牢固，锚筋孔内可灌注环氧树脂浆胶。按原桥式浇筑铺装层，保证桥面平顺。

（4）桥面伸缩装置的修补或更换工作大都不断绝交通。因此，通常可考虑采用限制车辆通行，半边施工、半边通行车辆；或白天使用盖板，夜间施工时禁止通行；或白天使用盖板，夜间限制车辆通行，半边施工、半边开放交通等方法。总之，均要注意抓紧时间，尽量缩短工期，保证修补质量。

4.2.8 桥头跳车

桥头跳车指公路桥（涵）台和路堤连接处沉降高差或桥梁伸缩装置处损坏桥面高差较大，使行车产生明显的颠簸不适。出现桥头跳车时，应针对不同的产生原因，进行对症处理，消除桥头跳车。

1）路基

与桥梁顺接的路基病害主要是桥台台后路堤填土下沉所致。一般可以选择以下处理方法：

（1）挖除路面面层，在沉陷的部分加铺基层后重做面层。

（2）对于台背填土密实度不够的，应重新作压实处理，台背死角处的压实宜采用夯实机械。

（3）对含水率和孔隙比均较大的软基或含有有机物质的黏性土层，宜采用换土处理。换土深度应视软层厚度而定。换填材料首先应选择强度高、透水性好的材料，如碎石土、卵砾土、中粗砂及强度较高的工业废渣，且要求级配合理。

2）台背填料换填

挖除原桥头填土，改用石渣、砂砾等内摩擦角大的优质填料或稳定土结构层分层回填，每层压实厚度以不大于20cm为宜。采用横向压实法使压路机尽量靠近台背进行碾压。压路机无法压实的地方，要配合人工夯实，确保没有施工死角。

4.3 桥梁上部结构的养护与维修

4.3.1 基本要求

1）梁桥

（1）清除表面污垢，由于渗水、洪水等原因造成的梁体污垢应用清水清洗，不得使用腐蚀性的化学试剂清洗。

（2）修补混凝土空洞、破损、剥落、表面风化；清除暴露钢筋的锈渍，恢复保护层；处理各种横、纵向构件的开裂、开焊和锈蚀。

（3）保持箱梁的箱内通风。

2）拱桥

（1）经常清除表面污垢及圬工砌体因渗水而在表面的附着的游离物。

（2）砌缝、变形缝中生长的杂草、青苔等必须根除。

（3）经常疏通泄水管孔，保持桥面及实腹拱拱腔排水畅通。如发现拱桥桥面漏水，应及时修补，若发现空腹拱的主拱圈（肋）渗水，应对拱背进行清理，清除可能积水的残渣、堆积物等，并用砂浆等材料抹平或堵塞裂缝；若发现实腹拱主拱圈渗水，应检查拱腔排水系统，必要时可挖开拱上填料，修补防水层，修理排水管道。

（4）应保持主拱的变形缝处于正常工作状态。及时清除变形缝内嵌入的杂物，使其保持自由变形。填缝材料如油毛毡，浸渍沥青的木板等，如有损坏应及时更换。

4.3.2 常见病害及处理

1）混凝土表面缺陷

对梁（板）体混凝土的空洞、蜂窝、麻面、表面风化、剥落等应先将松散部分清除，再用高强度等级混凝土、水泥砂浆或环氧类化学胶进行修补。新补的混凝土要密实，与原结构应结合牢固，表面平整。新补的混凝土必须进行养生。见图4.3.1和图4.3.2。

2）露筋或保护层剥落

若发现梁体露筋（图4.3.3）或混凝土剥落，应先将松动的保护层凿去，并清除钢筋锈渍，然后恢复保护层。如损坏面积不大，可用环氧砂浆或贴碳纤维修补，如损坏面积过大，应及时上报。

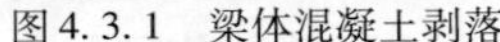

图4.3.1　梁体混凝土剥落

图4.3.2　主拱圈破损

图4.3.3　露筋

3）拱板破损

拱桥或箱梁（槽形梁）桥梁结构中采用小拱板或空心板做桥面板时，由于小拱板或预制的空心板强度不足或施工不良，与主梁连接不好，而引起板的折裂、破损，甚至掉落，形成空洞。采用高强度等级混凝土或环氧类化学胶进行修补，同时应及时上报采取措施，

4）拱上侧墙鼓胀破坏

拱上侧墙鼓胀破坏，一般是由于排水不良，拱上填土内聚积大量水分或形成饱和土压力造成，也可能是砌筑质量不佳造成的，应及时上报采取措施。

5）桥面裂缝

裂缝走向与行车道板方向一致，而且多数发生在板间和伸缩缝附近板间铰缝，主要是行车道板与纵梁之间所垫砂浆破坏和铰缝施工质量差等原因造成。对于纵梁裂缝不多，裂缝宽度不大的情况，可对纵梁裂缝进行修复，一般采用注射灌浆先将裂缝封闭，再用环氧浆液粘贴钢板或粘贴碳纤维布，以达到补强效果。对于破坏严重的纵梁，应进行更换。

6）裂缝的处理

应按照表详细记录下裂缝的发生部位、走向、宽度等数据（表4.3.1），用油漆标注位置，有条件的可用数码相机拍摄裂缝的照片（图4.3.4、图4.3.5），并及时上报上级主管部门。具体操作见本书5.5裂缝及处理。

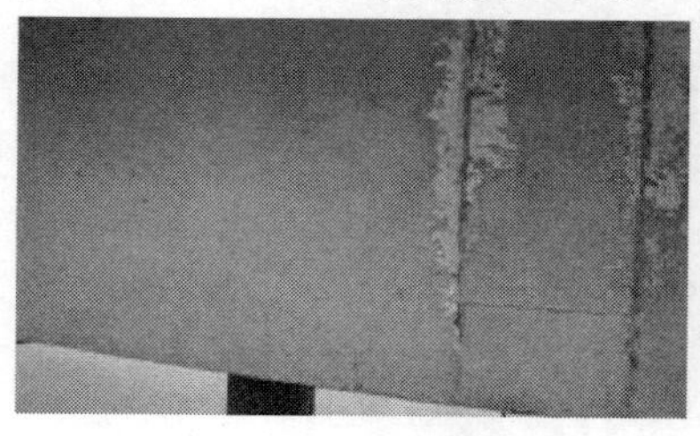

图4.3.4　梁体裂缝

图4.3.5　拱圈砌块开裂

桥梁裂缝记录表　　表4.3.1

路线名称：　　桥名：　　桩号：

日期：　　检查人：　　桥型：

序号	部位	走向（横桥向、竖桥向、纵桥向）	长度（m）	宽度（mm）	照片编号
1					
2					
3					
4					
5					
…					

4.3.3 桥梁支座

4.3.3.1 板式橡胶支座缺陷类型

板式橡胶支座性能劣化类型包括橡胶老化开裂、钢板外露、不均匀鼓凸与脱胶、脱空、剪切超限和支座位置串动等。

开裂是指板式橡胶支座表面形成的龟裂裂纹。一般板式橡胶支座经一定使用年限后，均会出现表面的龟裂裂纹，但裂纹宽度及深度均不大。

钢板外露是指由于橡胶龟裂或支座制作不佳使板式橡胶支座内部的钢板裸露。

不均匀鼓凸与脱变发生在橡胶与钢板黏结破坏时。通常板式橡胶支座在荷载作用下，钢板之间的橡胶向外发生均匀的凸起属正常现象，见图4.3.6。当橡胶与支座内加劲钢板黏结不良，在荷载作用下发生钢板与橡胶脱胶，引起不均匀的鼓凸，见图4.3.7。

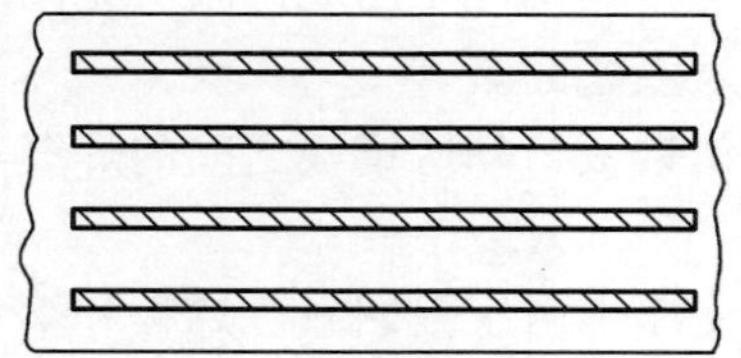

图4.3.6 板式橡胶支座均匀鼓凸

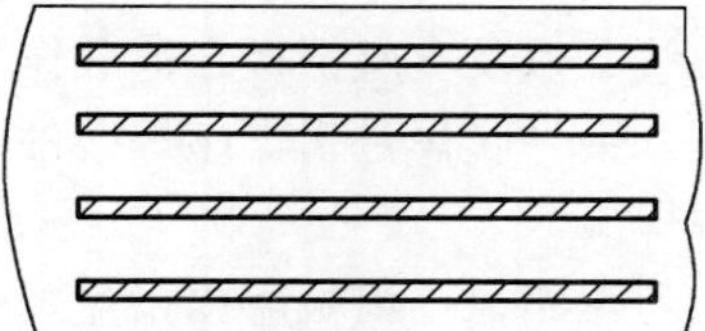

图4.3.7 板式橡胶支座不均匀鼓凸

脱空是指板式橡胶支座与桥梁底面及支承垫石顶面之间出现的缝隙大于相应边长的25%，见图4.3.8。通常板式橡胶支座使用时，应通过转动计算，使支座顶底面与桥梁全面积接触。局部脱空一方面造成支座压应力增加，另一方面支座脱空部位与外界空气接触，容易产生橡胶老化。

剪切超限是指板式橡胶支座在最高及最低温度条件下的最大

恒载剪切变形 $\tan\alpha > 0.45$，见图 4. 3. 9。

支座位置串动是由于支承垫石不平，造成支座局部承压，引起支座位置串动，严重时可能会造成个别支座脱落。

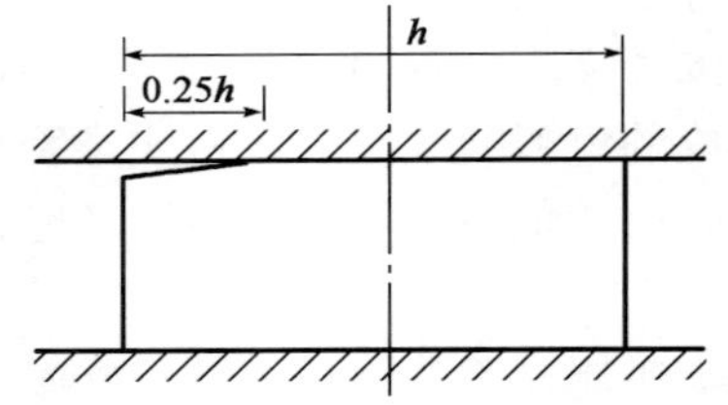

图 4. 3. 8　板式橡胶支座局部脱空

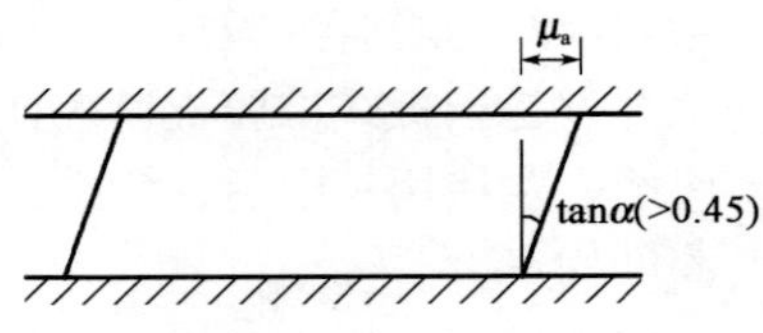

图 4. 3. 9　板式橡胶支座剪切超限

4. 3. 3. 2　盆式橡胶支座缺陷类型

盆式橡胶支座缺陷类型包括钢件裂纹和变形、钢件脱焊、锈蚀、聚四氟乙烯滑板磨损、支座位移超限、支座转角超限和锚栓剪断等。

钢件裂纹和变形是指盆式橡胶支座的钢件中出现肉眼可见的裂纹，以及支座钢板在荷载作用下发生翘曲。

钢件脱焊是指支座焊接件及不锈钢板与基层钢板之间的焊缝脱焊。

聚四氟乙烯板磨损指盆式橡胶支座中由于聚四氟乙烯板和不锈钢滑板之间平面滑动所产生的磨损。磨损程度用测量聚四氟乙烯板的外露高度来表示，见图 4. 3. 10。

支座位移超限是由于设计及安装不当造成支座聚四氟乙烯板滑出不锈钢板板面范围。

支座转角超限是由于设计及安装不当造成支座转角超过相应荷载作用下最大的预期设计转角。支座转角应由盆式橡胶支座顶、底板之间的最大和最小间隙求出，详见图 4. 3. 11。

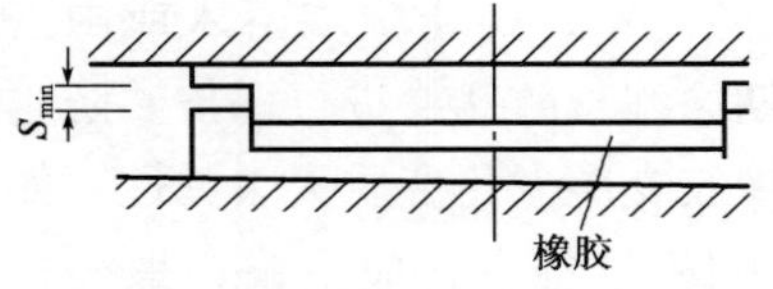

图 4.3.10 聚四氟乙烯的外露高度

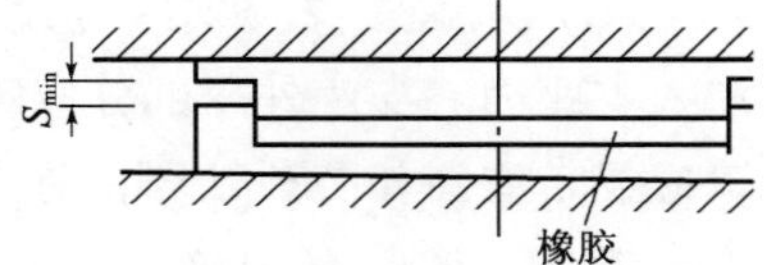

图 4.3.11 盆式橡胶支座转动最大及最小间隙

其他类型支座的缺陷类型可参照上述支座来确定，例如球形支座的缺陷类型可以由钢件裂缝、位移及转角超限、聚四氟乙烯板的磨损、锈蚀及锚栓剪切等缺陷来评定。

4.3.4 桥梁支座的养护

4.3.4.1 基本要求

（1）支座各部应保持完整、清洁，位置正确，活动支座伸缩与转动正常。半年一清扫，清除支座周围的垃圾杂物，保证支座正常工作。

（2）橡胶支座应经常清扫。排除墩帽积水，要防止橡胶支座接触油脂，防止因橡胶老化、变质而失去作用。

（3）支座与梁底、支座与砂浆垫层之间的接触面应平整。梁体位移及转角应不受阻碍。支座垫板与锚栓应紧密接触，并不得有锈蚀。支座垫层上如有积水，应立即清除。

（4）支座或支座组件如有缺陷或产生故障不能正常工作时应予以修整或更换。油毡垫层支座老化，或垫层厚度不足，失去功能，应及时更换。

（5）梁支点承压不均匀，板式橡胶支座出现脱空或过大压缩变形时应予以调整，板式橡胶支座发生过大剪切变形、老化、开裂等应及时更换。支撑垫石空洞、不密实缺陷等应及时进行处理。

（6）对盆式橡胶支座应设置防尘罩，防止尘埃落入或雨雪渗入支座内。支座外露部分应定期涂红丹防锈漆进行保护。防尘罩应经常清洁和防蚀处理，防止橡胶支座老化变质失去弹性。如橡胶老化、橡胶有裂纹、鼓出、钢板锈蚀者，应更换；螺栓剪断、盆边顶损坏发生塑性变形者，应更换。

4.3.4.2 盆式橡胶支座的养护

盆式橡胶支座在使用期间应每年定期进行一次检查及养护：

（1）检查支座锚栓有无剪断，支座橡胶密封圈有无龟裂和老化。

（2）检查支座相对位移是否均匀，并逐个检查支座位移量。

（3）清除支座附近的杂物及灰尘，并用棉纱仔细擦净不锈钢滑板表面的灰尘。

（4）松动锚栓螺母，清洗上油，以免螺母锈死。

（5）定期对支座钢件进行油漆防锈处理，但不锈钢滑动面不得油漆。

盆式橡胶支座养护质量要求如下：

（1）梁底支承部位平整、水平，支承部位相对水平偏差不大于0.5mm。

（2）桥墩支承垫石顶面平整，相对允差1mm；支承垫石顶面标高准确，允差0～-4mm，相邻墩台上支承垫石顶面相对高差不大于3mm。

（3）支座与支承垫石顶面应紧密接触，局部缝隙不得超过0.5mm。

（4）恒载剪切变形角 $\tan\alpha \leqslant 0.45$，最大剪切变形角 $\tan\alpha \leqslant 0.7$。

4.4 桥梁下部结构养护

4.4.1 基本要求

（1）每次洪水过后，应及时清理河床上的漂浮物，使水流顺利宣泄。

（2）在桥下树立警示牌，禁止任何人或单位在上述范围内挖砂、取土、采石、倾倒废弃物，禁止进行爆破作业及其他危及公路桥梁安全的活动。

（3）不得任意修建对桥梁有害的建筑物，因抢险、防汛需要修筑堤坝、压缩或拓宽河床时，应事先报经有关主管部门同意，并采取有效的防护措施。

（4）保持墩台的表面整洁，及时清除墩台表面的青苔、杂草、灌木和污秽。

（5）对发生灰缝脱落的圬工砌体，应清除缝内杂物，重新用水泥砂浆勾缝。

4.4.2 常见病害及加固处理

（1）墩、台身圬工砌体表面风化剥落或损坏时，损坏深度在3cm以内时，可用水泥砂浆抹面修补，砂浆强度等级一般不应低于M5。当损坏面积较大且深度超过3cm时，不得用砂浆修补，应及时上报上级主管部门。

（2）圬工砌体镶面部分严重风化和损坏时，应用石料或混凝土预制块砌补、更换，新老部分要结合牢固，色泽质地应与原砌体基本一致。

（3）墩、台身圬工砌体的砌块如出现裂缝（图4.4.1），应拆除后重新砌筑。

（4）墩、台身表面发生侵蚀剥落、蜂窝麻面、裂缝、露筋等病害时，应采用水泥砂浆修补。因受行车振动影响，不易采用水泥砂浆补牢的，应考虑采用环氧树脂或其他聚合物混凝土进行修补。

图 4. 4. 1 墩台砌体损坏

（5）对于混凝土墩台、基础出现的空洞等破损缺陷，应采用新鲜混凝土修补。浇筑前，应把墩台上的蜂窝或空洞缺陷部分尽可能凿除，对修补部位进行凿毛，并使混凝土表面保持湿润、清洁。在钢筋和混凝土上刷涂一层水泥浆液或其他胶黏剂，如1∶0. 4铝粉水泥浆液、1∶1 铝粉砂浆、环氧砂浆等。然后采用喷射、压浆或直接浇筑等方法进行混凝土修补。

（6）墩、台混凝土裂缝宽度超过 0. 2mm 时，应按照表详细记录下裂缝的发生位置、走向、宽度等数据，用油漆标注位置，有条件的可用数码相机拍摄裂缝的照片，并及时上报上级主管部门。具体操作见本书 4. 5 裂缝及处理。

4. 5 裂缝及处理

4. 5. 1 梁桥的常见裂缝

普通混凝土简支梁和预应力钢筋混凝土梁的常见裂缝见表 4. 5. 1、表 4. 5. 2 和图 4. 5. 1、图 4. 5. 2。

普通钢筋混凝土简支梁的常见裂缝　　表 4.5.1

序号	裂缝种类及发生部位	简图	特征	产生原因分析
1	网状裂缝	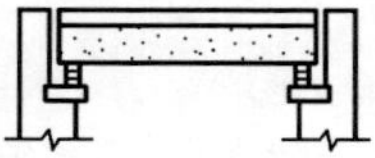	1. 发生在各种跨度的梁上； 2. 裂缝细小，宽度约为0.30～0.05mm，用手触及有凸起感觉； 3. 无固定规律	多为混凝土收缩所引起的表面龟裂
2	下缘受拉区的裂缝	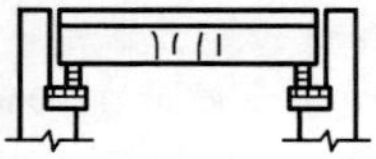	1. 多发生于梁跨中部，梁跨度越大，裂缝越多； 2. 自下翼缘向上扩展，至翼缘与梁肋相接处停止； 3. 裂缝间距 0.1～0.2m，宽度为 0.03～0.1mm； 4. 对跨度 <10m 的梁，其裂缝少而细小（宽度 0.03mm 以下）	混凝土收缩，梁受扰曲所产生的裂缝
3	腹板上的竖向裂缝		是最普遍也是较为严重的一种裂缝；当梁跨径 >12m 时： 1. 裂缝多出于薄腹部分，在梁的半高线附近裂缝宽度较大，一般在 0.15～0.3mm； 2. 跨度越大，裂缝越宽越长； 3. 经荷载作用后，向上下两端延伸，一般向上至腹下翼缘梁肋处； 4. 裂缝一般在跨中地段宽度大，两侧逐渐变窄； 5. 裂缝部位及走向在一片梁的内外侧有的大致吻合，形成对裂或环裂，外侧裂缝比内侧长而宽； 当梁跨径 <10m 时： 1. 裂缝细小； 2. 多数裂缝系由梁肋向上延伸，越上越细，上端未到腹板顶部； 3. 腹板上两端细、中间宽的裂缝较少，仅属个别现象	1. 设计上存在缺陷，如梁跨宽度较大、梁身较高、梁肋较薄且分布钢筋较稀； 2. 施工质量影响、养护不及时； 3. 温度及周围环境条件的影响

续上表

序号	裂缝种类及发生部位	简　图	特　征	产生原因分析
4	腹板上的斜裂缝		是钢筋混凝土梁中出现最多的一种裂缝（跨度在10m以下的梁，裂缝相对较少）： 1. 裂缝多在跨中两侧，离跨中越远倾斜角越大，离跨中越近倾斜角越小，倾角在15°~45°之间（跨度在10m以下的梁为10°~30°，第一道裂缝多出现在距支座0.5~1.0m处）； 2. 腹板变更截面者，裂缝由梁的半高处向上、下端斜伸；不变更截面者，多由下翼缘向上斜伸； 3. 裂缝宽度一般在0.3mm以下	1. 设计上的缺陷，因混凝土收缩预先使梁产生微观裂缝或存在一定的初拉应力，同时腹板受拉区实际上参加了工作，中和轴就要比计算低些，因而增加了剪应力，加上拉应力的作用，致使拉应力较计算为大，混凝土不能负担时，就会产生裂缝； 2. 施工质量不良，会加速裂缝的产生和发展
5	施工运梁不当引起的上部裂缝		1. 根据支承点的不同，裂缝的位置不同，程度不同； 2. 严重时要及时维修	运梁时支承点没有放在梁的两端吊点处，而是偏向跨中，使支承点处上部出现负弯矩，引起开裂

续上表

序号	裂缝种类及发生部位	简　图	特　征	产生原因分析
6	梁顶端裂缝	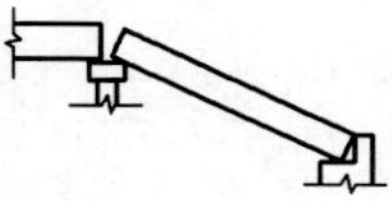	1. 个别情况； 2. 裂缝由下往上开裂，严重者宽度可达0.3mm以上	由于墩台下沉，而形成梁端部局部支承压力增大，产生局部应力所致
7	梁水平裂缝	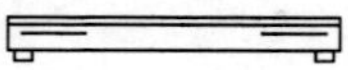	为近似水平方向的层裂缝	施工不当引起，分层浇筑，间隔时间太长
8	梁与梁间距横隔板上的裂缝	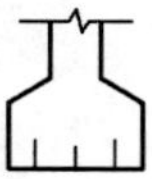	裂缝由下向上，不规则	1. 支承设置时与桥轴垂直向有偏斜； 2. 通过重型车辆时梁受力不均所致
9	梁底面纵向裂缝		1. 个别梁； 2. 沿下翼缘主筋方向的裂缝	混凝土保护层过薄，或掺入氯盐等速凝剂所造成；裂缝严重时，应予更换大梁

预应力钢筋混凝土梁的常见裂缝　　表4.5.2

序号	裂缝种类及发生部位	简　图	特　征	产生原因分析
1	梁端沿钢丝束的裂缝（后张法梁）	端部水平裂缝	1. 梁缝基本上与钢丝束方向一致； 2. 通常发生在端部扩大部分； 3. 裂缝比较细小，有的仅几厘米，最长在2m左右，宽度小于0.1mm，个别在0.2mm左右； 4. 在营运初期有所发展，但不严重，以后趋于稳定	1. 主要由于端部集中应力所致，加上运营过程中受各种综合作用显露出来； 2. 端部混凝土质量不良（后灌注砂浆较多）
2	梁端沿钢丝束的裂缝（先张法直接配筋梁）	裂缝 预应力钢丝索	1. 裂缝均起始于张拉端面，近水平状向跨中方向延伸，通常自梁底50～130cm高度范围内有1～5条； 2. 宽度在0.1mm左右，长度一般只延伸至扩大部分的变截面处	1. 由于无弯起钢丝束，全部钢丝束均集中在下缘，上缘仅1～2根，因上下两组钢丝束相距很远，而预应力在梁端传递有一定范围，由于局部应力，在两组钢丝束的中间部分的梁端混凝土处于受拉区，使梁端发生水平裂缝； 2. 因锚头处应力集中和锚头产生的楔形作用会使锚头附近产生细小的水平裂缝

续上表

序号	裂缝种类及发生部位	简图	特征	产生原因分析
3	下翼缘的纵向裂缝	下裂缝的纵向裂缝	是预应力梁中最重要的一种裂缝： 1. 多发生在梁端第一、二节间的下翼缘侧面及梁底，或腹板与下翼缘交界处，也有少数发生在腹板上； 2. 裂缝一般处于最外的一排钢丝束部分； 3. 宽度一般为0.05～0.1mm，个别达0.5mm，长度在0.5～4.0m之间	1. 由于下翼缘受到过高的纵向压力导致梁体产生过大的横向位移； 2. 管道保护层太薄，压浆时又受到数公斤压力的作用； 3. 寒冷地区压浆中多系水分受冻膨胀引起； 4. 混凝土质量不良的影响
4	腹板垂直裂缝	裂缝	是厂制过程中产生的一种裂缝，数量不多： 1. 大多在脱模后2～3天内发生，裂缝通常从上梁肋至下梁肋，整个腹板裂通； 2. 宽度在0.2～0.4mm，个别严重的甚至桥面及梁底部被裂断； 3. 施加预应力后，裂缝大都闭合，但在孔道压浆时还会从裂缝中挤出浆来	主要是混凝土收缩和温差所致

续上表

序号	裂缝种类及发生部位	简　　图	特　　征	产生原因分析
5	桥面及下翼缘斜面上的龟裂		1. 方向无一定规律； 2. 长度不大，但裂缝有的很宽，达1~2mm	主要原因是干缩，即施工质量不良，裂缝处混凝土水泥浆较多，混凝土坍落度大，水和水泥用量较多，捣固不良，不注意收浆，浮浆层厚，养护不良等
6	混凝土箱梁悬臂桥面的裂缝		悬臂桥面板部分，出现间隔3~5m，宽度约0.1mm的横桥方向的裂缝	1. 梁板分开施工，因材龄差异引起收缩裂缝； 2. 悬臂桥面板分布钢筋数量不够

4.5.2　拱桥的常见裂缝

4.5.2.1　石砌拱

石砌拱桥中最容易出现裂缝的地方是拱顶附近的下部（如图4.5.3）和拱趾附近的上部。其裂缝有时可一直延伸到拱上结构（边墙）。另外，在拱圈表面，有时还会产生和拱圈平行的裂缝。如拱圈和边墙用不同材料砌筑，在接缝处也会发生裂缝。裂缝最初出现的时候也许很小，但以后在外界因素的作用下，会逐渐扩大。

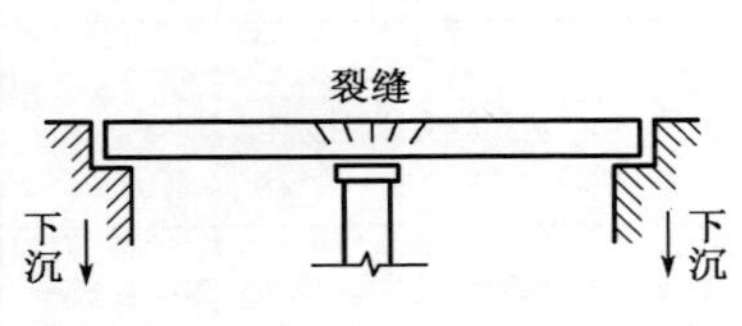

图 4. 5. 1　连续梁两桥台沉陷引起在中间墩上梁身的裂缝

图 4. 5. 2　刚架右侧支柱下沉引起各部裂缝

4. 5. 2. 2　空腹式钢筋混凝土拱

空腹式钢筋混凝土拱在拱脚、立柱、立柱与拱圈相接的地方可能会出现裂缝，如图 4. 5. 4 所示。

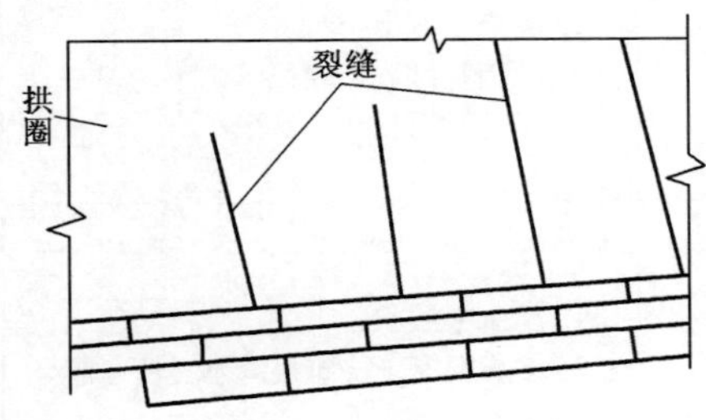

图 4. 5. 3　石拱桥拱圈中的裂缝（局部）

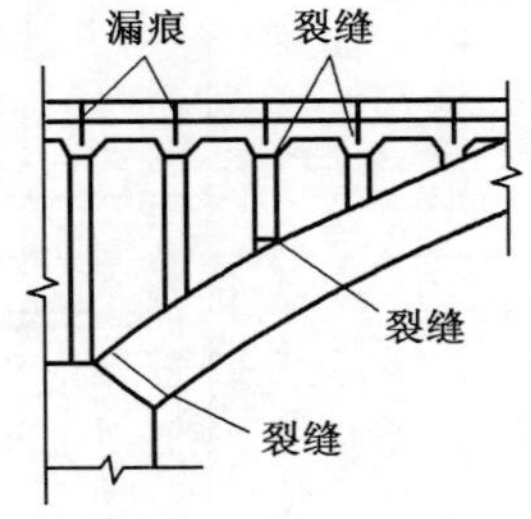

图 4. 5. 4　空腹式钢筋混凝土拱的裂缝

4. 5. 2. 3　钢筋混凝土双曲拱

钢筋混凝土双曲拱除会产生上述某些裂缝外，还会在拱肋与拱波结合处产生裂缝。

4. 5. 3　桥梁墩台的常见裂缝

桥梁墩台在施工及运营使用过程中，也会出现各种不同的裂缝，各种常见裂缝的特征及其发生的原因，详见表 4. 5. 3 所列。

桥梁墩台的常见裂缝 表4.5.3

序号	裂缝名称及发生部位	简图	特征及原因分析
1	墩（台）网状裂缝	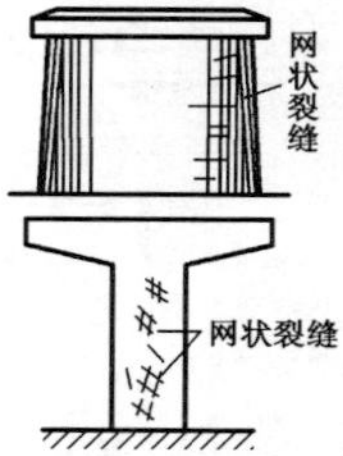 网状裂缝 网状裂缝	1. 此种裂缝多发生在常水位以上墩身的向阳部分，裂缝宽0.1～1mm，深1～1.5cm，长度不等； 2. 主要原因是由于混凝土内部水化热和外部气温的温差，或日气温变化影响和日照影响而产生的温度拉应力； 3. 由于混凝土干燥收缩而引起
2	从基础向上发展至墩（台）上部的裂缝	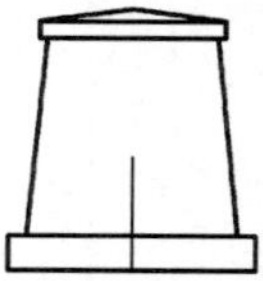	1. 裂缝下宽上窄； 2. 原因是基础松软或沉陷不均匀
3	墩（台）身的水平裂缝		1. 呈水平层状； 2. 多为混凝土浇筑接缝不良所引起
4	翼墙和前墙断裂的裂缝	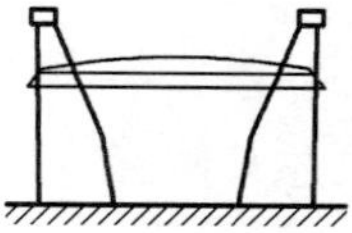	往往是由于墙间填土不良、冻胀或基底承载力不足，引起下沉或外倾而开裂
5	由支承垫石从下向上发展的裂缝	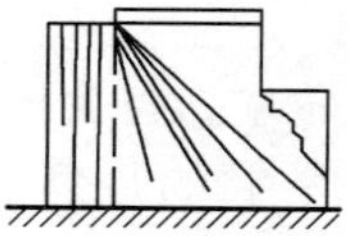	1. 主要是由于墩（台）帽在支承垫石下未布置钢筋所致； 2. 也由于受到过大的冲击力

续上表

序号	裂缝名称及发生部位	简　　图	特征及原因分析
6	桥墩墩帽顺桥轴线横贯墩帽的水平裂缝	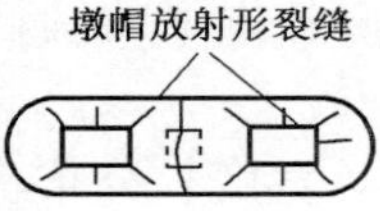 墩帽放射形裂缝	1. 不论空心墩或实心墩均有发生； 2. 主要由于局部应力所致；因梁和活载的作用力集中地通过支座（或立柱）传至桥墩，使其周围墩顶其他部位产生拉应力
7	双柱式桥墩下承台的竖向裂缝	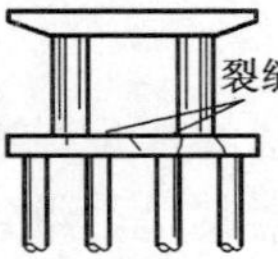 裂缝	由于桩基下沉不均或局部应力所致
8	支承相邻不等高的墩盖梁，雉墙上的垂直裂缝	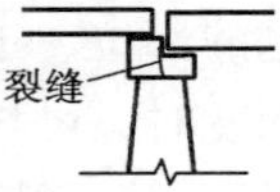 裂缝	1. 裂缝多位于雉墙棱角部分及中心线部分； 2. 严重时部分混凝土剥落露筋； 3. 由于局部应力所致
9	墩（台）盖梁上自上至下的垂直裂缝	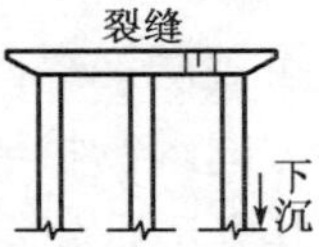 裂缝 下沉	桩基下沉不均而引起盖梁上的不均匀受力
10	镶面石突出的裂缝		1. 多为不规则的裂缝； 2. 由于镶面石与墩台连接不良
11	悬臂桥墩角隅处的裂缝	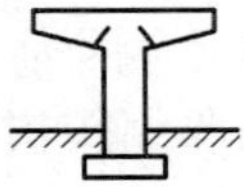	由于局部应力引起

4.5.4 裂缝的检查及观测

桥梁结构出现裂缝之后，应加强检查与观测。根据裂缝的特征，结合设计、施工资料进行分析，查明裂缝性质、原因及其危害程度，确定是否需要修补并为修补方案的制订提供可靠的依据。检查与观测的内容包括：

（1）裂缝发生的部位、走向、宽度、分布状况以及大小和长度等。

（2）裂缝的变化发展情况。

可利用水泥浆或石膏做成薄片状的标记贴在裂缝处，或用玻璃片、较牢固的纸糊在裂缝上，观察其是否继续开裂。具体做法是：在裂缝的起点和终点画上与裂缝走向垂直的红油漆线记号，并把裂缝登记编号。观测并记下裂缝的部位、走向、宽度、分布状况和长度等。如有必要知道裂缝深度时，可用注射器在裂缝中注入有色溶液，然后开凿至显色为止，其开凿深度即为裂缝的深度。

观测裂缝的变化情况，除长度可观测裂缝两端是否超出前一次油漆画线外，对裂缝是否沿宽度方向继续扩展，可做灰块或玻璃测标（见图4.5.5）进行观测。其方法是先将安设测标部位的结构表面凿毛，然后用1∶2水泥砂浆或石膏在裂缝上抹成厚10～15mm的方形或圆形灰块，也可用石膏将细条状玻璃固定在裂缝两侧结构表面上，在裂缝处，玻璃截面较小，对测标编号并注明安设日期，当裂缝继续扩展时，测标就会断裂，一般裂缝宽度都较小，应尽可能采用带刻度的放大镜测量。

在观测裂缝时，要记录气温的情况，因为气温降低时，结构的外层比内层冷却得快些，因而表面收缩较快，这时裂缝较大，当气温升高时则情况相反。

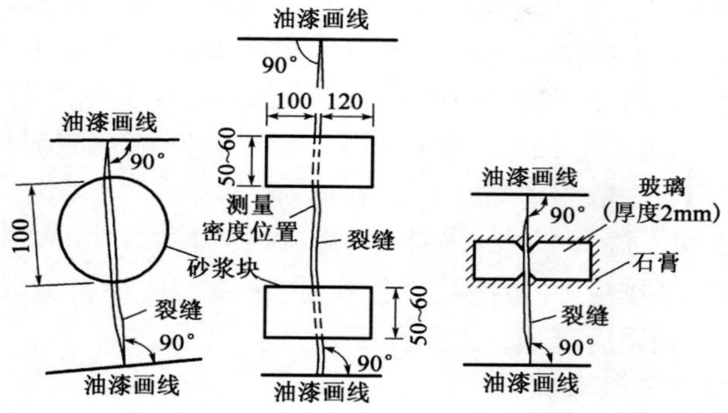

图4.5.5 画油漆、设砂浆块、石膏块、玻璃片观测裂缝（尺寸单位：mm）

4.5.5 裂缝的表面封闭处理

4.5.5.1 填缝

填缝是砖石体裂缝修理中最简便的一种方法。操作时，将缝隙清理干净，根据裂缝宽度不同分别用缝刀、抹子、刮刀等工具进行操作，所用灰浆通常采用1∶2.5或1∶3的水泥砂浆，一般不得低于砌筑灰浆的强度。填缝处理后，可在美观、耐久性等方面起到一定作用，对于砌体的整体性、强度等方面所起的作用甚微。

4.5.5.2 表面抹灰

表面抹灰是指用水泥浆、水泥砂浆、环氧基液及环氧砂浆等材料涂抹在裂缝部位的砖石砌体或混凝土表面上的一种修补方法。

1）水泥砂浆涂抹

对于混凝土结构，可先将裂缝附近的混凝土表面凿毛，并尽可能使糙面平整，经洗刷干净后，洒水使之保持湿润（不留水珠），然后用1∶1~1∶2的水泥砂浆涂抹其上。涂抹时，混凝土表面不能有流水，最好先用纯水泥浆涂刷一层底浆（厚度为

0.5～1.0mm)，再将水泥砂浆一次或分几次抹完（应视总厚度而定)，一次过厚容易在侧面和顶部引起流淌或因自重下坠脱壳；太薄则容易在收缩时引起开裂。涂抹的总厚度一般为1.0～2.0cm，待收水后，最后用铁抹压实、抹光。砂浆配置时所用砂子不宜太粗，一般为中细砂。水泥可用普通水泥，其强度等级不低于32.5级。温度高时，涂抹3～4h后即需洒水养护，并防止阳光直射；冬季应注意保温，切不可受冻，否则所抹的水泥砂浆受冻后，轻则强度降低，重则报废。

2）环氧砂浆涂抹

（1）先在裂缝上口凿一V形槽，宽1～2cm，深约1.5cm，槽面应尽量平整。

（2）用钢丝刷或竹刷刷清缝口，并凿去浮渣。用手持式皮风箱（皮老虎）吹清缝内灰砂，用红外线灯烘干混凝土表面。裂缝外宜用蘸有丙酮或二甲苯的回丝（纱头）洗擦一遍（不宜用水清洗)，保持槽内混凝土面无灰尘、油污等。

（3）在裂缝四周涂一层环氧浆液，如裂缝较深，在垂直方向也可静力灌注，环氧浆液可灌入0.5mm的细缝中。

（4）最后嵌入环氧砂浆，用刮刀使其平面与原混凝土面齐平。待环氧树脂硬化后（温度越高，硬化时间越短，一般常温下20～25℃，需5～7天)，就可使用。养护期间，结构不宜受振、受潮（酮亚胺等湿固性环氧树脂除外)，以保证修补质量。

（5）操作人员在一般情况下，特别是短期接触的场合，身体不会受到危害。但在具体做法上，应以预防为主，注意生产安全。用乙二胺等固化剂时，须戴塑料手套，防止皮肤灼伤，拌制环氧树脂工作量较大时，要戴口罩，注意通风，修补后须洗手，一般溶剂处不宜有明火，以防引起火灾。

4.5.5.3　凿槽嵌补

凿槽嵌补是沿混凝土裂缝凿一条深槽，然后再槽内嵌补各种黏结材料，如环氧砂浆、沥青等的一种修补方法。

修补时先沿裂缝凿槽，槽形根据裂缝位置和填补材料而定，通常多采用V形槽。

槽的两边混凝土面必须修理平整，槽内要清洗干净，必要时可在填料前用丙酮擦一遍。

如槽口外需要抹水泥砂浆或喷涂砂浆时，在凿槽时须一并将槽口外的混凝土表面凿毛，保持槽内干燥，否则应先采取其他措施，使槽内干燥后再进行填补。

4.6　涵洞

4.6.1　养护要求

（1）涵顶保持平整不跳车，洞内排水畅通；保持洞身、涵底、进出水口、护坡和填土的完好、清洁、不漏水；沉砂井无淤积。

（2）涵洞的洞口应保持清洁，发现杂物堆积应及时清除。涵洞内应保持排水畅通，发现淤塞占涵洞高度1/3以上的应及时疏通。

（3）洞口和涵洞内如有积雪应尽快及时清除，被清除的积雪应堆放在路基边沟以外。经常积雪或积雪较深的涵洞，入冬前可在洞口外加设栅栏，或用柴草捆封洞口，融雪时及时拆除。

（4）涵底铺砌、洞口上下游路基护坡、引水沟、汇水槽、沉沙井发生变形时，均应及时修理。

（5）涵底铺砌出现冲刷损坏、下沉、缺口时应及时修复。路基填土发现渗水、缺口应及时封塞填平。

（6）基础冲刷悬空的必须立即修补，用水泥砂浆砌片石或片石混凝土填实，比原基础加宽10~20cm。

4.6.2 定期检查

对涵洞应定期进行检查，并填写涵洞定期检查表（见附录）。主要检查下列内容：

（1）涵洞的位置是否恰当，孔径是否足够，洞内有无淤塞、冲刷。

（2）涵洞有无开裂，填土有无沉陷，涵底涵墙有无漏水，八字翼墙是否完整。

（3）进水口是否堵塞，沉砂井有无淤积，洞口铺砌有无冲刷、脱落。

（4）涵洞内有无积水、积雪和积冰，洞身有否冻裂。

4.6.3 涵洞的常见病害以及处理措施

（1）渗漏水的处理。

①疏通水道，使洞口铺砌与上下游水槽坡道平齐顺适。

②保持洞内底面平顺，并有适当纵坡。

③用水泥砂浆对涵底和涵墙重新勾缝。

（2）洞底铺砌层、洞口上下游路基护坡、引水沟、泄水槽、窨井和沉砂井发生变形或沉陷时，应及时修复。凡未设沉砂井，而涵洞经常发生泥砂淤积时，可在进水口加设沉砂井，以沉淀泥土杂物。

（3）砖石、混凝土及钢筋混凝土端墙和翼墙，如有离开路堤向外倾斜等变形现象，应查明原因，予以处治。如属填土未夯实而沉落挤压，或填土中水分过多土压力增大而引起的，应更换填土，并仔细夯实。如系基础不均匀沉陷而发生倾斜，则需修复或加固基础。

（4）承载能力不足的涵洞，砖石拱涵一般可采用拱圈上加拱的方法加固。如属高填土而净空又较大时可采用拱下加拱的方法。石盖板涵可更换较厚的盖板。混凝土管涵可在管外加筑一层混凝土套壳。

钢筋混凝土盖板涵的加固，除加固涵台外，可将原盖板面凿毛，洗刷干净，再在其上浇筑混凝土或钢筋混凝土加厚盖板。

（5）涵洞出水口处如被水流冲刷严重，可采用下列方法处治：

①浆砌块石铺底，水泥砂浆勾缝。铺砌长度视土质和流速而定，铺砌的末端应设置混凝土或浆砌块石抑水墙。

②流速特别大的涵洞，应在出水口加做缓流设施，如消力槛、消力池等。消力槛的末端应设置混凝土或浆砌块石抑水墙，或设置三级挑槛。

4.7 漫水桥和过水路面

4.7.1 基本要求

（1）保持完好状态，保证其正常使用。

（2）进行经常性检查，尤其在洪水、融冰期前后，更须全面检查，防止漫水构造物堆积漂流物，如有堆积应及时清除。

（3）漫水桥和过水路面允许通车水深，桥（路）面水深小于0.3m，可允许大型车辆通行。在洪水上涨过程中或桥（路）面水深超过表4.7.1规定值时，必须中断交通，并在两头设置临时禁止通行标志。

允许通车的漫水深度 表4.7.1

水流速度（m/s）	最大允许通车漫水深度（m）
<1.5	0.4～0.5
1.5～2.0	0.4
>2.0	0.2～0.3

4.7.2 漫水桥的检查和养护

（1）养护的内容和要求参见一般公路桥梁的相关部分。漫水桥的行车道应保持平整坚实，漫水期间能保障车辆的正常通行。

（2）在洪水到来之前，应将漫水桥的活动栏杆拆除，以免阻挡漂流物，退水后立即恢复。但不可拆除标柱。

（3）在洪水期间，要防止漂浮物堵塞桥孔，威胁桥梁安全。

（4）每次洪水过后，应立即进行下列检查和养护：

①清除桥面和墩台上遗留的淤泥、树枝等杂物，桥梁构件连接部位与缝隙间应冲洗干净。

②发现防腐材料剥落、铁件锈蚀，应立即处治。

4.7.3 过水路面的检查和养护

（1）及时清除淤泥和漂流物，保持路面整洁，设置水深导向标志。

（2）如铺砌石块松动、冲失，应及时用水泥砂浆填塞或座浆砌石填平。

（3）过水路面受上游水流压力和渗透影响，发生沉陷断裂，应采取填充砂料、浆砌片石、或水泥混凝土封闭等措施进行加固。

（4）过水路面是公路的主要薄弱环节之一，应分别情况，积极加以改善，提高通行能力，最有效的办法是将过水路面改建为桥梁。

5 沿线设施

5 沿线设施

5.1 一般规定

5.1.1 农村公路沿线设施主要包括：交通安全设施、公路标志、标线、公里碑、百米桩。

5.1.2 农村公路沿线设施对保证车辆、行人通行安全和畅通具有重要的意义。农村公路沿线设施应经常保持完整并处于良好状态。

对农村公路沿线设施应定期保养，及时修理和更换损坏部分。

5.2 交通安全设施

5.2.1 农村公路交通安全设施包括：护栏、标柱、平面线反光镜、路灯等。

5.2.2 护栏是农村公路安全设施的重要组成部分，对行车安全起着重要的作用。

(1) 护栏按结构分可分为：波形梁护栏、混凝土护栏（墙、墩)、浆砌片（块）石护墙（墩)。

(2) 检查。除日常巡检无异常情况外，还应每隔2~3个月进行定期检查。检查的主要内容为：

①各类护栏的损坏和变形情况。

②波形梁护栏螺栓缺失情况以及立柱与水平构件的紧固情况。

③污垢程度和油漆损坏状况。

（3）养护与维修。

①经常清除护栏周围的杂草、杂物。

②应及时对损坏、变形的护栏进行修复、更换，在不能将损坏部件修复至原样，而对交通安全威胁比较大的路段，宜采用应急材料临时修复。

③护栏表面油漆损坏、剥落应及时修补。反光膜脱落应及时补贴。每隔2～3年重新涂漆一次。对于交通量大或容易被有害气体腐蚀路段的护栏，应缩短涂漆时间。钢质护栏在涂漆前应将锈迹打磨干净。

④由于公路高程的调整，原护栏高度不符合规定时，应及时调整护栏高度。

5.2.3 标柱

标柱分为示警标柱和道口标柱。

示警标柱设置在漫水桥和过水路面两侧以及路堤较高（平原地区4m以上，山岭地区6m以上）路段和危险路段。

道口标柱设置在公路沿线较小交叉路口两侧，以标明平面交叉位置的设施，用来提醒主线车辆驾驶员提高警惕。

（1）检查。应经常检查标柱有无歪斜、变形、缺少、损坏，油漆（反光膜）是否剥落、褪色。

（2）养护和维修。

①经常检查，及时扶正歪斜的标柱。

②及时修复、更换已变形或已损坏的标柱。

③保持标柱位置的准确，对标柱缺失的路段，应及时补设。

④标柱表面油漆（反光膜）保持颜色鲜明，应有良好的视认效果，及时修补标柱油漆（反光膜）剥落、褪色。

5.2.4 平面线反光镜设置在视距不良急弯或路线平面交叉处，使驾驶员能看到对方来车。

(1) 检查。除在正常巡检时检查反光镜的反射能力外，还应进行定期检查。检查内容包括：

①反光镜的位置、方向、角度是否正确。

②立柱是否有倾斜和损坏。

③镜面有无污垢和损坏。

④有无周围路树或其他物体遮挡。

在发生风雨等异常天气时，应立即进行上述相同内容的检查。

(2) 养护和维修。

①应保持镜面的清洁和反射能力。

②及时清除反光镜周围树枝、杂草等遮挡物。

③如有损坏，应及时维修或更换。

5.3 交通标志

5.3.1 交通标志的种类、颜色、图案、尺寸大小和设置地点按《道路交通标志和标线》(GB 5768—2009) 的规定执行。

5.3.2 交通标志应设置在适当的位置，板面内容准确、完整、醒目。在夜间交通量大的路段，应尽可能采用反光标志。旅游区标志有条件的宜标注中英文对照。

(1) 检查。除日常巡检标志板面是否受到路树遮挡、立柱是否受到损坏外，还应进行定期检查。遇到暴风雨等异常天气以及洪水、地震等自然灾害或交通事故时，应进行临时检查。检查的内容为：

①标志板面、立柱、连接件的变形、损坏、污染、腐蚀以及松动、剥落等情况（图5.3.1)。宜每年定期检查一次。

图 5.3.1　标志板面损坏

②基础或底座的稳固情况。宜每年检查一次。见图 5.3.2。

③立柱、横梁、法兰盘、螺栓等有无锈蚀（图 5.3.3）。

图 5.3.2　基础严重开裂

图 5.3.3　法兰盘、螺母、螺栓锈蚀

④油漆（反光膜）有无褪色、剥落（图 5.3.4）。

⑤有无路树遮挡（图 5.3.5）。

⑥当公路条件（如改线、新增或取消平面交叉、新建或改建桥梁、道路拓宽等）和交通条件（如增加或变更交通限制）发生变化时，应及时检查标志内容、设置地点、尺寸、净空等是否适当，如有不当，应予调整。

⑦标志牌、公里碑、百米桩缺失情况。

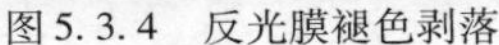
图 5.3.4 反光膜褪色剥落

图 5.3.5 路树遮挡

（2）养护和维修。

①交通标志有污垢时，应及时清理。标志板面每年应定期清理一次。

②交通标志牌或立柱有松动，应及时紧固。

③立柱、横梁、法兰盘、螺栓发生锈蚀时，应对其做防锈处理。范围不大时，可对锈蚀部分重新油漆；锈蚀面积较大，应重新油漆。

④有路树或其他物体遮挡时，应予修剪、清除或在规定范围内变更交通标志设置的位置。

⑤当标志内容出现错误、重复或位置不当，应及时进行变更。

⑥公里碑、百米桩缺损，应及时增补。

5.4 交通标线

5.4.1 交通标线的漆画方案、颜色、尺寸大小、设置地点按《道路交通标志和标线》（GB 5768—2009）的规定执行。

交通标线应经常保持完整、齐全、鲜明。

5.4.2 检查。除日常巡检外，还应进行定期检查。检查内容包括：

（1）标线有无污染、剥落、磨损不清晰（图 5.4.1）。

（2）标线漆画方案是否正确。

（3）标线有无缺断现象（图 5.4.2）。

图 5.4.1　标线剥落、磨损不清晰

图 5.4.2　标线缺断

5.4.3　养护

（1）路面标线污秽，影响视认效果时，应及时进行清扫或冲洗。

（2）路面标线磨损或严重剥落，影响辨认性效果时，应重新漆画，并注意与原标线错位。

（3）进行路面局部修理时使路面标线缺断时，应在路面修补完工后予以补画。

（4）漆画水泥混凝土路面中心线时，应避开水泥板块纵向接缝。

5.4.4　维修更换

（1）施工前使用专门的除线机铣掉原有的残线，特别是热熔标线，以保持色度高度一致。

（2）路面要先涂刷底漆以加强黏结力，用手刷或机喷于水泥或旧沥青路面上。

（3）底漆干后即可涂布热熔标线，标线未干时撒上反光玻璃珠，并注意避免与原标线错位。

6 公路绿化与环境保护

6 公路绿化与环境保护

6.1 一般规定

6.1.1 在公路两侧边坡、沿线空地等一切可绿化的公路用地，利用绿色的乔木、灌木及花、草合理覆盖的工程都属“公路绿化”范围。

6.1.2 农村公路绿化，应根据当地自然地理特征，选择适宜的绿化植物，因地制宜，因路制宜、适地适树，“乔、灌、花、草”相结合，充分利用公路沿线的自然景观。

6.2 栽植与管护

6.2.1 农村公路绿化植物品种选择、栽植和养护应符合《云南省公路绿化植物种植和养护技术规定》。

6.2.2 农村公路绿化建设应在满足公路交通安全和公路功能需要的前提下，本着实用、经济、美观的原则进行统一规划设计。绿化栽植要点：

（1）树种方面以经济、用材树种为主，乔灌结合，行列式配置。

（2）栽植时间。根据云南省的气候特点，春栽、秋栽均可，还可在梅雨季节栽植，一般落叶树在春秋季栽植；常绿树可春秋可雨季栽植，特殊情况还可冬季栽植。因工程需要在生长期移栽时，无论落叶树或常绿树，均需带土球移植，落叶树施行重剪，栽后应及时浇一次透水，须经常向树冠洒水或喷雾，夏季炎热时，用湿草绳绑缚树干，冬季根据不同的树种采取相应的保温措施。

栽树的理想天气是阴而无风，如为晴天，最好错开中午太阳直射的时间。

（3）在公路用地内两侧栽植的树木，不得遮挡路灯、交通信号灯、交通标志。

（4）在平交道口两侧和弯道内侧一定范围内应栽植低矮灌木、草坪或加大乔木株行距，并加强修剪，满足安全视距要求。

6.2.3 日常养护要点

（1）新植路树要及时浇透水，栽后第一个月一般每星期浇水 1 次，具体要依下雨情况而定，以后每月浇水 1 次，如连续干旱要定期浇水（每星期浇水 1 次）。常绿树木除根部浇水外，还需喷洒叶面。

（2）对歪倒的乔木要及时扶正加固，扶正时要带土球开挖，一般土球直径为路树地径的 8 ~ 15 倍，并尽量减少根系的损伤。冠幅大的要进行修剪，使树冠呈疏透结构，便于透风，减少树冠叶面蒸腾。

（3）4 ~ 6 月份要加强病虫害的监测并及时进行防治。冬季对重要的行道树干基部进行刷白，杀死害虫越冬虫卵，同时也有利于引导车辆行驶。涂白剂配方为：生石灰 1.5kg、食盐 0.2kg、硫磺粉 0.3kg、油脂少许（作用是避免雨水淋刷）、水 5kg，拌成糊状溶液。刷白高度一般为 1.2 ~ 1.3m，边坡上以路基边缘线为准适当提高。保证刷白高度在同一水平线上。表 6.2.1 列出了公路绿化植物常见病虫害防治办法。

（4）要定期修剪乔、灌木枯枝、徒长枝、枝下高处的萌发枝以及影响行车安全的树枝。不同部位栽植和不同类型的树种修剪，要做到“因树修剪”。

①中分带的防眩树木要保持生长整齐，高度应控制在1.5～1.7m之间，超过时要及时修剪。中分带植物的生长不得超过护栏伸展至路面，一旦发现影响行车，应及时整修。

②道路边坡、路肩附近树木生长不得超越护栏伸展至路面，一旦发现应及时整修，道路行道树枝下高度根据道路的功能严格控制，树枝生长不能超过建筑限界和影响交通标志。

③乔木类主要修剪内膛枝、徒长枝、病虫枝、交叉枝、下垂枝、扭伤枝及枯枝烂头，保持树冠的透风性，冠幅的均匀性；灌木修剪应促枝叶繁茂，分布均匀，花灌木修剪要有利于短枝和花芽的形成，遵循“先上后下、先内后外、去弱留强、去老留新”的原则进行修剪；绿篱类修剪应促其分枝，保持全株枝叶丰满，也可作整形修剪，线条整齐，特殊造型的绿篱应逐步修剪成形，修剪次数视其生长情况而定；地被、攀援类植物的修剪要促进分枝，加速覆盖和攀援的功能，对多年生攀援植物应清除枯枝，剪除老弱藤蔓。

④枝条修剪时，切口必须靠节，剪口应在芽的反侧呈45°倾斜，剪口要平整，并涂抹园林用的防腐剂。对于粗壮的大枝应采取分段截枝法，防止扯裂树皮，操作时要注意安全。

⑤休眠期修剪以整形为主，可稍重剪。生长期修剪以调整树势为主，宜轻剪，修剪要避开树木伤流盛期。

⑥在树木生长期要进行剥芽、去蘖、疏枝等工作，不定芽不得超过20cm，剥芽时不得拉伤树皮。

（5）树木休眠期和种植前，可施基肥，生长期可按植株的生长势施追肥；花灌木应在花前、花后进行施肥；各类绿地应以施有机肥为主，有机肥应腐熟后施用，应用微量元素和根外施肥技术，推广应用复合肥料和长效缓释肥料；施肥时应先挖好施肥环沟，其外径与冠幅相适应，环沟深、宽均为25～30cm，除根外施肥外，肥料不得触及树叶，施肥宜在晴天进行，树木施肥量应根据不同树种、树龄、生长势和土壤理化性质而定。

（6）加强对职工的业务技术培训，配备或聘用熟悉公路绿化专业知识的技术人员进行指导，同时加强公路绿化养护工作的督促检查。

（7）加强巡查，防止人为损坏路树，加强管理，积极宣传养路工及沿线群众爱绿、护绿的意识，对破坏公路绿化的行为，要加大查处力度，保证公路路产路权不受侵害。

公路绿化植物常见病虫害防治方法 表 6.2.1

名　称	主要危害树种	防 治 方 法
白粉病	紫薇、月季、大叶黄杨、丁香、黄栌	发病初期喷施 1 500 ~ 2 000 倍液 15% 粉锈宁可湿性粉剂或 600 ~ 1 000 倍液 50% 百菌清可湿性粉剂，7 ~ 10 天一次，连续 3 ~ 4 次，或在早春叶芽萌动前喷施 3 波美度石硫合剂
锈病	月季、垂柳、贴梗海棠、圆柏、龙柏	发病初期可用 200 倍等量式波尔多液保护新叶，生长期用 20% 粉锈宁乳剂 2 000 倍液或 20% 嗪氨灵 1 000倍液喷雾防治
叶斑病	广玉兰、银杏、山茶、栀子、腊梅、石榴	药剂防治应 10 天左右喷施一次，可用 75% 百菌清或 50% 克菌丹 500 倍液喷施
灰霉病	雪松、悬铃木、月季、山茶	可用 65% 代森锌、1% 波尔多液或 75% 百菌清 500 倍液
炭疽病	樟树、杨树、八仙花	发病初期喷 75% 百菌清可湿性粉剂 500 倍液或 50% 多菌灵可湿性粉剂 500 ~ 1 000 倍液，每隔 10 ~ 14 天喷一次，连喷 3 ~ 4 次
蚜虫	毛白杨、月季、紫薇、绣线菊、夹竹桃	危害盛期喷布 1 500 ~ 2 000 倍 40% 氧化乐果或 4 000 ~ 5 000 倍 2.5% 溴氰菊酯乳剂；人工培养、释放天敌，如瓢虫、草蛉、蚜小蜂等

续上表

名　称	主要危害树种	防 治 方 法
蚧壳虫	雪松、广玉兰、樟树、海桐、悬铃木、石楠、柳杉、白玉兰、紫薇	首先要掌握各类蚧壳虫的孵化期，在幼虫孵化分散转移时，喷布1 000 ~ 1 500倍氧化乐果或800 ~ 1 000倍马拉硫磷等药液；虫害数量小的情况下，可以人工刷除
螨类	山茶、女贞、月季、铺地柏	用40%三氯杀螨醇800 ~ 1 000倍液或73%可螨特、50%尼索朗2 000倍液喷布外，注意在干旱天气及时浇水
蛾类	银杏、毛白杨、悬铃木、枫香、马褂木、柳杉、冬青、山茶、杜鹃、紫藤等	在幼虫低龄期用50%锌硫磷800 ~ 1 000倍液，或10% ~ 20%菊酯类药剂1 000 ~ 2 000倍液喷布防治；也可用20%灭幼尿胶悬剂10 000倍液防治，其残效期长，防治效果好；蛾类的寄生性天敌有盾脍姬蜂、绒茧蜂及赤眼蜂，应予以保护；蛾类有趋光性和趋化性，可用黑光灯和糖醋诱杀
金龟子类	月季、合欢	化学防治为喷施50%杀螟松或40%氧化乐果1 000倍液，对成虫的胃毒作用有很好的效果；也可泼浇50%锌硫磷1 000倍液防治幼虫，并兼治蚜虫、盲蝽等
天牛类及木蠹蛾类	黑松、柳杉、毛白杨、垂柳、薄壳山核桃、冬青、石榴	对刚孵化不久的幼虫，可在被害处涂抹1∶20敌敌畏乳油和煤油的混合液，以杀灭幼虫；常用的方法是用蘸有敌百虫或乐果药剂的棉花团塞进虫孔深部，并用泥团封闭洞口以毒杀
蛴螬、地老虎、蝼蛄等地下害虫	多种园林植物幼苗	用锌硫磷颗粒剂（0.5 ~ 5g/m^2）和30倍细土拌和，均匀撒播在土壤上，并翻入土中，可以防止危害；发现危害时，用50%锌硫磷乳油1 000倍液泼浇根系分布范围的土壤

6.3 更新采伐

6.3.1 根据《中华人民共和国森林法》的有关规定，任何单位和个人不得擅自砍伐、破坏公路绿化。

6.3.2 公路绿化符合下列情况之一者，方可履行报批手续，经批准后采伐或更新：

（1）公路路树过密，且不宜移植，需进行抚育采伐的；

（2）经有关部门鉴定，树木确已进入衰老期或品种严重退化的；

（3）公路改建或加宽需采伐原有公路绿化的；

（4）公路树木发生大规模病虫害，经有关部门鉴定确需采伐或更新的；

（5）生长势弱，绿化效果差，影响路容路貌的；

（6）对公路改建需采伐的树木，如有移植价值的，应尽可能移植利用。

6.3.3 经批准采伐公路绿化，必须按采伐证规定的树种、数量、路线长度，在规定的时间内采伐，不得超量或超期采伐和无证采伐。路树经采伐形成的空白路段应在其后的第一个绿化季节及时补植，并加强管护。

6.3.4 农村公路用地上的树木的更新砍伐由区、县交通行政主管部门负责审批。严禁无证采伐。但在非常时期，如遇战备、救灾、水毁抢修等特殊情况，为保证公路通行，可先行砍伐，后补办有关手续。

YUNNAN

云南农村公路小修养护技术指南

Nongcun Gonglu Xiaoxiu Yanghu Jishu Zhinan

7 技术管理

7 技术管理

7.1 一般规定

（1）农村公路养护必须加强技术管理，贯彻国家有关公路建设、养护的技术政策、标准、规范和办法。

（2）农村公路养护技术管理包括交通情况调查、公路路况登记、工程检查与验收和公路定期检查。

（3）技术管理应健全制度，依靠科学，实行规范化管理，创造条件逐步应用评价管理系统等管理手段，为巩固、改善和提高现有公路的技术状况服务。

7.2 交通情况调查

（1）农村公路交通情况调查主要是交通量及其组成的调查和观测，以及原始数据资料的整理和上报。

（2）农村公路交通情况调查按照交通运输部有关专项规定执行。

7.3 公路路况登记

（1）农村公路路况登记的内容包括：

①公路路段、路线登记卡片。

②构造物卡片，包括桥梁、隧道、涵洞等。

③涵洞，登记表。

以上各项卡片、登记表样式详见附录 F。

（2）新建农村公路的路况登记，按公路分级管理规定，应在公路工程竣工验收接养后3个月内由公路接养单位完成。

（3）路况登记应以公路现况调查资料、设计文件、施工记录、竣工文件、技术总结等为依据；资料不全的应进行调查和测量补充。路况登记应按表、卡所列内容逐项认真填写。

（4）路况登记资料应在每年年终将因养护工程而变更部分进行修改、补充，形成当年年末的公路路况资料。

（5）农村公路路况登记资料应逐步创造条件，用计算机进行数据处理和储存，纳入公路养护管理系统数据库。

7.4 定期检查

（1）为掌握农村公路质量的变化情况，考核农村公路养护生产和管理工作效果以及为养护计划编制提供依据，应定期对农村公路养护生产和管理工作进行检查。

（2）坚持和完善农村公路检查制度。各级交通主管部门和乡（镇）人民政府可结合本地区的养护里程、自然条件、路况、管理水平等实际情况，组织专线或专项农村公路检查。乡（镇）人民政府每两个月组织一次定期检查；县（市）级交通主管部门每季度组织检查一次；地（市）级交通主管部门每半年组织抽查一次，抽查范围不少于辖区内农村公路的30%；省级交通主管部门每年组织或委托组织一次大检查。

（3）农村公路养护与管理工作检查的内容一般包括：

①公路养护质量。

②农村公路管理规章制度执行情况。

③执行公路养护技术政策情况。

④养路机械化程度管理水平等。

（4）乡（镇）人民政府主管部门应对管养的公路养护质量每季进行一次检查、评分、定等，做好各项统计报表。

7.5 日常巡查

（1）农村公路养护单位（人员）应坚持日常巡查路况，重点是危桥、险路和易出现病害路段，并做好巡查记录（见表7.5.1）。

（2）县农村公路管护办公室对全县农村公路的巡查管理情况进行不定期抽查，每月不少于4次，确保每月将全县所有县道和乡道巡查1遍。

（3）镇农村公路管护办公室每月进行一次定期日常管护检查和考核；镇农村公路巡查管理员每日上路巡查，确保对管辖的县道每周不少于3次，乡道、村道每周不少于2次的巡查管理，对特殊路段或遇有恶劣天气、夏秋收季节等特殊情况应适当加大巡查频率。

（4）路段管护员对本管护路段内的农村公路每天进行日常巡查、管养。

公路小修养护日常巡查记录表 表7.5.1

合同号：______ 编　　号：______

承包人：______ 检查单位：______

日期：____年____月____日	天气：
巡查人员：	巡查车牌号：
巡查线路、桩号及具体时间（本栏目不允许留空白）：	
巡查线路路况及存在问题（填写病害及隐患的类型、桩号、部位；若无，则注明路况正常，不允许留空白）：	

续上表

处理意见及整改要求：   经办人签字：________________
整改情况及结果：   经办人签字：________________

（5）农村公路遭受洪水、暴雨、台风、泥石流、塌方和积雪等自然灾害毁坏和人为破坏，应立即查明情况，迅速向当地上级政府和交通主管部门报告，并及时组织抢修。

8 养护作业安全

8　养护作业安全

（1）养护作业中应贯彻“安全第一，预防为主”和坚持“管生产必须管安全”的原则，并根据本书的规定，结合实际情况，制定各项规章制度。

（2）养护单位应加强与气象、水文等部门的联系，及时掌握气温、雨雪、风暴和汛情等预报，做好防范工作。

（3）参加养护作业的人员，必须接受安全技术教育，熟知和遵守本工种的各项安全技术操作规程，并应定期进行安全技术考核，合格者方可上岗操作。

（4）操作人员上岗前，必须按规定穿戴防护、安全用品。

（5）养护作业时，按规定要求设置标志、标牌。需封闭道路、中断交通作业时，应按规定事先向经营管理、路政、交巡警等单位办理申请手续。

（6）养护定点保洁、清洗油污、施工路段必须确定现场安全管理负责人和现场交通指挥值勤人员。养护保洁人员穿戴标志服（帽），应迎车清扫，严禁顺车清扫。

（7）养护作业的各种机具设备和劳动保护用品，应定期进行检查和必要的检验，保证其经常处于完好状态；不合格的机具设备和劳动保护用品严禁使用。沥青操作工的工作服及防护用品，应集中存放。

（8）养护维修作业机械按标准涂以橘黄色，安装黄色警示灯，悬挂醒目作业施工标志，遵守有关安全规定。

(9) 对路基、路肩、边坡、边沟等排水设施清除的杂草、树木严禁放火焚烧，以防引起火灾。

(10) 清除桥梁、涵洞内淤泥时，应先排除积水，并制订出相应的安全措施后方可清淤。

(11) 施工机械、材料停（堆）放有序，保证施工现场整洁，竣工后应清理施工现场。

YUNNAN

云南农村公路小修养护技术指南

Nongcun Gonglu Xiaoxiu Yanghu Jishu Zhinan

附　录

附录A 术 语

A.0.1 农村公路

是指经省交通主管部门认定的县道、乡道和村道的总称。

A.0.2 乡道

是指主要为乡（镇）村经济、文化、行政服务的公路，以及不属于县道及县道以上公路的乡（镇）与乡（镇）之间及乡（镇）与外部连接，经省（市）交通主管部门验收认定的公共道路。

A.0.3 村道

是指为农村居民生产、生活服务，不属于国道、省道、县道、乡道的，连接行政村之间、行政村通往村民集中居住点、自然村或者行政村与外部连接，经省交通主管部门认定的公共道路。

A.0.4 日常养护

对公路及其附属设施进行日常保洁、稳定边坡、疏通边沟、整修路肩，桥梁、涵洞等结构物的维护、绿化管养等，使之经常保持良好的使用状态。

A.0.5 小修工程

对公路及其沿线设施进行预防性维修保养和轻微损坏部分的维修工作，使之经常保持完好状态。

A.0.6 路基

按照路线位置和一定技术要求修筑的带状构造物，是路面的基础，承受由路面传来的行车荷载。

A.0.7 路肩

车道外侧至路基边缘，与路面相邻的带状部分。

A.0.8 边坡

为保证路基稳定，路基两侧做成一定坡度的坡面。

A.0.9 排水设施

是分别设在路基的不同部位，具有各自的排水功能、布置要求的排水设备，可分为地面排水设施和地下排水设施，地面排水设施包括边沟、截水沟、排水沟、急流槽等；地下排水设施包括明沟、暗沟、渗沟、盲沟等。

A.0.10 挡土墙

承受土体侧压力的墙式构造物。

A.0.11 特殊路基

位于特殊土（岩）地段、不良地质地段或受水、气候等自然因素影响强烈的路基。

A.0.12 路面

用各种材料铺筑在公路路基上直接承受车辆荷载的层状构造物。

A.0.13 水泥混凝土路面

以水泥混凝土做面层的路面。

A.0.14 沥青路面

用沥青混合料铺筑面层的路面。

A. 0. 15　砂石路面

是以砂、石等为集料，以土、水、灰为结合料，通过一定的配合比铺筑而成的路面的统称。

A. 0. 16　弹石路面

是指在基层上摊铺砂垫层后，再铺砌经人工或机械加工形成的不整齐、半整齐或整齐块石，通过嵌缝填隙压实形成的一种路面结构。

A. 0. 17　碾压混凝土路面

是采用沥青混凝土路面的主要施工机械将单位用水量较少的干硬性水泥混凝土摊铺、碾压成型的一种混凝土路面。

A. 0. 18　梁桥

以梁作为上部结构主要承重构件的桥梁。

A. 0. 19　钢筋混凝土桥

以钢筋混凝土作为上部结构主要建筑材料的桥梁。

A. 0. 20　拱桥

在竖直平面内以拱（拱圈）作为上部结构主要承重构件的桥梁。

A. 0. 21　预应力混凝土梁桥

以预应力混凝土作为上部结构主要建筑材料的桥梁。

A. 0. 22　上部结构

是线路中断时跨越障碍的主要承载结构，主要包括承重结构和桥面系。

A. 0. 23　下部结构

是支承上部结构，并将上部结构的荷载及本身的自重安全、可靠地传递给地基的结构物。

A. 0. 24　桥面系

一般包括桥面铺装、桥面防排水设施、桥面伸缩缝、人行道、路缘石或安全带、栏杆、护栏、灯柱等。

A. 0. 25　涵洞

主要为宣泄地面水流而设置的横穿路堤的小型排水构造物，一般由基础、洞身、洞口组成。

A. 0. 26　圆管涵

洞身以圆形管节修筑的涵洞。

A. 0. 27　漫水桥

是指桥梁高程高于常水位低于洪水位，洪水时允许交通暂时中断，水流从桥面漫过的桥梁。

A. 0. 28　过水路面

是指路面处于常水位以上，在洪水位时允许路面漫流的路面。

A. 0. 29　交通安全设施

是指用以保障道路交通安全的相关公路沿线设施，其对提高公路服务水平、保障行车安全和交通畅通具有重要意义。

A. 0. 30　交通标志

用图形符号、颜色和文字向道路的使用者传递特定交通管理信息的交通管理设施。通常分为警告标志、禁令标志、指示标志、指路标志、辅助标志、旅游标志和道路交通安全标志。

A. 0. 31　交通标线

以规定的线条、箭头、文字、立面标记、凸起目标或其他导向装置，画设于路面或其他设施上，用于管制和引导交通的设施。

A.0.32　公路绿化

是指公路用地范围内栽植的乔木、灌木、花、草皮的总称。

A.0.33　养护技术管理

是指按照国家有关公路养护的技术政策、标准规范、办法和相应的操作规程进行公路养护，包括交通情况调查、公路路况登记和公路定期检查等管理工作。

附录B 沥青路面破损分类分级

破损类型		分级	外观描述	分级指标	计量单位
裂缝类	龟裂	轻	初期龟裂，缝细，无散落，裂区无变形	块度：20～50cm	m^2
		中	裂块明显，缝较宽，无或轻散落或轻度变形	块度：<20cm	
		重	裂块破碎，缝宽，散落重，变形明显，亟待修理	块度：<20cm	
	不规则裂缝	轻	缝细，不散落或轻微散落，块度大	块度：>100cm	m^2
		重	缝宽，散落，裂块小	块度：50～100cm	
	纵裂	轻	缝壁无散落或轻微散落，无或少支缝	缝宽≤5mm	长度×0.2m
		重	缝壁散落重，支缝多	缝宽>5mm	
	横裂	轻	缝壁无散落或轻微散落，无或少支缝	缝宽≤5mm	长度×0.2m
		重	缝壁落重，支缝多	缝宽>5mm	
松散类	坑槽	轻	坑浅，面积较小（$<1m^2$）	坑深≤25mm	m^2
		重	坑深，面积较大（$>1m^2$）	坑深>25mm	
	松散	轻	细集料散失，路面磨损，路表粗麻		m^2
		重	粗集料散失，多量微坑，表面剥落		

续上表

破损类型		分级	外 观 描 述	分 级 指 标	计量单位
变形类	沉陷	轻	深度浅，行车无明显不适感	深度≤25mm	m^2
		重	深度深，行车明显颠簸不适	深度＞25mm	
	车辙	轻	变形较浅	深度≤25mm	长度×0.4m
		重	变形较深	深度＞25mm	
	波浪、拥包	轻	波峰波谷高差小	高差≤25mm	
		重	波峰波谷高差大	高差＞25mm	
其他类	泛油	路表呈现沥青膜，发亮，镜面，有轮印			m^2
	修补损坏				m^2

附录C 路面破损换算系数(*K*)

破损类型	严重程度	换算系数(*K*)
龟裂	轻	0.6
	中	0.8
	重	1.0
不规则裂缝	轻	0.2
	重	0.4
纵裂	轻	0.4
	重	0.6
横裂	轻	0.2
	重	0.4
坑槽	轻	0.8
	重	1.0
松散	轻	0.2
	重	0.4
沉陷	轻	0.4
	重	1.0
车辙	轻	0.4
	重	1.0
波浪	轻	0.4
	重	0.8
拥包	轻	0.4
	重	0.8
泛油		0.1

附录D　路面养护新材料、新技术的应用

D.1　再生技术

沥青混凝土再生技术，是把旧路损坏废弃的沥青混合料添加一定数量的再生剂进行再生，重复利用来修筑路面结构的技术。目前通用的沥青混凝土路面再生方法有冷再生和热再生两种。

D.1.1　热再生技术

（1）热再生是将现有的废旧沥青混合料加热软化再生拌和，再将再生后的混合料进行摊铺、压实，使之形成路面结构层的沥青混凝土路面再生技术。可以充分利用旧料中所含的沥青，又分厂拌热再生和就地热再生。

（2）热再生适用条件。

①厂拌热再生适用范围广，能够适合于再生沥青路面的各个层面，包括上面层、中面层、下面层以及基层损坏的路面，可以分层再生。拌制的混合料可以运回原路面铺筑，也可用于其他路面的铺筑。

②就地热再生适用于路面表层部分，一般处理深度不超过60mm。因此，采用此法施工要求路基应当坚固并具有良好的排水系统。由于使用专用机组进行连续机械化施工，就地热再生不适用于小型维修工程及非连续施工的工程。

（3）厂拌热再生施工。

①主要机械配置：铣刨机、再生搅拌设备、摊铺机、钢轮压

路机和轮胎压路机等。

②厂拌热再生施工工艺（采用连续滚筒式再生搅拌设备）。

a. 回收旧沥青混合料，集中到再生拌和厂。

b. 拌和，将旧料、再生剂、新集料、沥青放入再生搅拌设备中拌和，形成新的沥青混合料。

c. 摊铺，将生产的再生混合料运到现场，通过摊铺机进行摊铺。

d. 压实，采用钢轮压路机与轮胎压路机组合现场压实。

e. 待摊铺层完全冷却后，混合料表面温度低于50℃后方可开放交通。

D.1.2 冷再生技术

（1）冷再生是不需要加热，而直接将现有的废旧沥青混合料进行再生、拌和、摊铺、压实，使之形成路面结构层的沥青混凝土路面再生技术。冷再生又可分为工厂冷再生和就地冷再生。

（2）沥青路面冷再生技术适用条件：只适合在路基未被损坏的路面结构改造中使用。

（3）沥青路面就地冷再生基层施工。

①主要机械配置：路面再生机、平地机、压路机等。

②施工准备工作：清理旧路面杂质、废料。再生工作面平整，边线整齐。

③施工工艺：

a. 撒布碎石：根据级配试验确定的碎石掺入量，将所需的碎石均匀摊铺在再生路面上。

b. 人工撒布再生剂：按照设计掺入量+0.5%控制再生剂的撒布量。

c. 铣刨再生操作：铣刨、破碎、加水、拌和、摊铺。

d. 压实：冷再生机再生完成后，应及时碾压成型。

e. 养生：冷再生路面基层压实成型后，采用洒水车适时喷水养生，洒水数量和次数以保证表面湿润为准，保湿养生 7 天。养生期间，禁止除洒水车外的一切车辆通过。

D.2 稀浆封层

(1) 用适当级配的石屑或砂、填料（水泥、石灰、粉煤灰、石粉等）与乳化沥青、外掺剂和水，按一定比例拌和而成的流动状态的沥青混合料，将其均匀地摊铺在路面上形成的沥青封层。一般厚度在 0.5 ~ 1.0cm，摊铺后经过乳液与骨料裹覆、破乳、分离、析水、蒸发和固化等过程形成密实、坚固、耐磨的表面封层结构。其作用有防水、耐磨耗、改善平整度等。

(2) 原材料：矿料、乳化沥青、填料（可采用水泥或消石灰粉）、水。

(3) 主要机械配置：稀浆封层摊铺机等。

(4) 施工工艺。

①施工准备。对原路面病害进行调查，分析其原因。标定稀浆封层机的行车、计量、拌和、摊铺、清洗等各个系统进行调试，对供料系统进行标定。施工气温不得低于 10℃，阴雨天气应避免施工。

②原路面清洗。对原路面用高压水枪清洗，对油污用专用油污清洗剂清洗，保证路面干燥，裂缝中无残留的水。

③乳化沥青洒布。待路面清洗水干燥后，在原路面上按设计要求喷洒乳化沥青。

④根据现场矿料的含水率测定结果，调整试验室配比，进行拌和、摊铺。拌和好的稀浆混合料流入摊铺箱，当混合料体积达到摊铺箱容积的 2/3 时，开动摊铺机以 1.5 ~ 3.0km/h 的速度前进。摊铺时应保证稀浆摊铺量与搅拌量的一致，保持摊铺箱中的

稀浆混合料的体积为摊铺箱容积的1/2左右。严格控制稀浆混合料浆状、摊铺箱内浆料、摊铺厚度。

⑤初期养生。保证养生时间在24h以上。

⑥根据试验室确定的开放交通时间并结合当时的气候条件，决定实际开放交通时间。

D.3 碎石封层

（1）碎石封层，是使用一种沥青胶结料和一种集料，两者铺筑在原有沥青路面上，根据施工工艺的不同，可分为异步和同步两种。异步碎石封层就是分别使用两台不同的设备依次完成沥青洒布和碎石撒铺两道工序；同步碎石封层，就是采用专门设备即同步碎石封层车将碎石及黏结材料同步铺洒在路面上，通过轮胎压路机碾压形成单层沥青碎石磨耗层，作为路面表处层使用，也可用于低等级公路面层施工。

（2）原材料：乳化沥青、碎石及石屑。

（3）主要机械配置：碎石撒布车、沥青洒布车（或同步碎石封层车）、压路机等。

（4）施工工艺。

①清扫原路面，应用水冲洗。清除原路面上的泥土与垃圾，露出原沥青路面。

②喷洒乳化沥青。要求均匀定量，洒布车的每个喷咀畅通，不得有堵塞。

③撒布碎石。碎石及石屑应撒布均匀，撒布车应准确控制撒布量，并使石料不得有重叠现象。

④压实。撒布石料后，应及时碾压，防止碾压过度出现推移。

⑤养护。压实后，根据施工季节及气候变化情况，因地制宜

控制养生时间，一般以半天到一天为宜。养护期可不中断交通，限制车速30km/h即可。

D.4　冷补沥青混合料

（1）冷补沥青混合料，是一种不受季节和天气影响，既能对沥青路面又可对混凝土路面进行随时保养维修的新材料。适宜在热拌沥青材料不能正常采用的条件下如冬季、雨天等特殊环境下或紧急任务、公路抢修中使用。

（2）冷补沥青混合料组配。

①沥青材料：采用普通重交通石油沥青，沥青的用量控制为5%。

②集料级配：采用AC-10设计配合比拌制冷补沥青混合料，碎石应满足路面用碎石所需的技术标准要求，矿粉用量为2%。

③添加剂：采用冷补添加剂。

④柴油：作为沥青的溶剂，增加沥青的流动性。

（3）冷补材料的特点。

①使用方便。适用于任何天气和环境，可在常温和雨雪天气下施工，且材料不需加热。

②容易存储。混合料经过拌制冷却后，装于袋中可存放几个月的时间。

③操作方便。当发现路面上有破损或坑洞时，随时运到现场，进行路面的修补。不需有任何重型机械施工，只要使用简单工具即可进行路面修补，操作较为方便，并且修补后可立即放行通车，路面在行车作用下会逐渐压实，强度逐渐提高。

④广泛适用。不仅可以修补沥青路面，亦可用于修补水泥混凝土路面坑洞。

⑤性能稳定。经碾压成型后的冷铺沥青路面，具有与热铺沥青路面基本一样的使用性能，且沥青冷补料不易出现温度收缩裂缝。

⑥生产简单。使用普通沥青混合料拌和设备，在50～60℃的温度下即可拌制生产。

（4）沥青冷补路面的施工。

①修补沥青路面。

a. 清理坑槽：根据公路养护技术规范，将路面破损部分划定，用切缝机切缝，挖出方形槽，然后将坑槽内及四周的碎石、废渣等清理干净，清除至固定的整体，形成良好的嵌固并有一定的深度，以保证与旧沥青路面更好地黏合。

b. 填料：对所挖坑槽在8cm以下的，将沥青冷补材料填入，填料比路面高出2cm，人工整平。如坑槽较深，则可分层填补，分层压实。

c. 压实：压实工具取决于修补面积的大小，对于较小的坑穴，采用铁铲拍打密实，或人力夯压实，过往车辆的车轮来回的碾压即可逐渐压实。如果面积较大，可用压路机进行压实。无论用何种压实方式，都应特别注意坑槽边角及四周。

②修补水泥混凝土路面。

a. 修补水泥混凝土路面坑洞。可将坑洞杂物和松散集料清理干净，直接将冷补料填入坑洞，捣实、拍平。

b. 处理错台。将需补平的水泥混凝土面板清洁干净，刷上黏层沥青，以保持与面板更好地黏结，然后铺上冷补沥青材料进行整平压实后即可放行通车。

c. 处理小面积板角碎裂。需将破碎活动的碎块及其他杂物清理干净，填上冷补料压实即可。

D.5 水泥混凝土路面快速修补技术

1）水泥混凝土路面快速修补砂浆

（1）水泥混凝土道路快速修补砂浆是最新研制的水泥混凝土路面快速修补材料，适用于水泥混凝土路面的修补。本产品的早期强度高，4～6h 就可达到通车要求，干缩小，凝结时间适中，满足施工要求，是目前国内性能优越的道路快速修补材料。

（2）快速修补砂浆的技术指标见下表：

测试项目		技术指标
抗压强度（MPa）	4h	>20
	28d	>50
抗折强度（MPa）	4h	≥4.5
	28d	>8.0
凝结时间	初凝	>30min
	终凝	<10h
黏结性		优于普通砂浆
耐低温性		优于普通砂浆

（3）施工方法。

①表面处理：查清损坏原因，将破碎及松动的渣块清除干净，并将新旧界面用水充分润湿或用界面处理剂涂刷。

②施工：浇筑的混凝土或砂浆应密实、收光、抹面、压纹，并在硬化后及时充分养护。

③当混凝土或砂浆达到设计强度的 70% 以上时即可开放交通。

2）水泥混凝土快速修补剂

（1）利用超早强混凝土技术，使修补混凝土具有较高的小时强度，达到尽快通车的要求；提高混凝土抗折强度，减少混凝土的收缩，提高混凝土的抗裂能力等。利用制备普通混凝土的常规材料和常用工艺，掺加快速修补剂配制修补混凝土。

（2）目前市场使用的适合公路路面的快速修补剂有 KNC 系列快速修补剂、JM-1、CJ-2 型修补剂等。

（3）施工方法。

①确定修补方案：查清损坏原因，凿除破损的面板，如强度不足的基层，必须先处理好基层。对需要修补的面板逐一编号、统计修补面积，计算混凝土修补所需的外加剂以及各种原材料的用量。

②施工：按照配合比准确控制材料使用量，投放顺序为：石子—水泥—修补剂—砂—水；搅拌后立即摊铺、振捣密实、收光、抹面，并在硬化后及时养生。

③切缝及灌缝：养生 6h 后对新旧接缝用切缝机切缝，并用灌缝料进行灌缝，可采用人工和机械两种方式。灌缝料可用聚氯乙烯胶泥或高聚物沥青混合料等。

附录E　桥梁技术状况评定标准

类别	一　类	二　类	三　类	四　类	五　类
总体评定	完好、良好状态 1. 重要部件功能与材料均良好； 2. 次要部件功能良好、材料有少量（3% 以内）轻度缺损或污染； 3. 承载能力和桥面行车条件符合设计指标	较好状态 1. 重要部件功能良好，材料有局部（3% 以内）轻度缺损或污染，裂缝宽小于限值； 2. 次要部件有较多（10% 以内）中等缺损或污染； 3. 承载能力和桥面行车条件达到设计指标	较差状态 1. 重要部件材料有较多（10% 以内）中等缺损，裂缝宽超限值，或出现轻度功能性病害，但发展缓慢，尚能维持正常使用功能； 2. 次要部件有大量（10% ~20%）严重缺损，功能降低，进一步恶化将不利于重要部件和影响正常交通； 3. 承载能力比设计降低10%以内，桥面行车不舒适	差的状态 1. 重要部件材料有大量（10% ~20%）严重缺损、裂缝宽超限值，风化、剥落、露筋、锈蚀严重，或出现轻度功能性病害，且发展较快，结构变形小于或等于规范值，功能明显降低； 2. 次要部件有20%以上的严重缺损，失去应有功能，严重影响正常交通； 3. 承载能力比设计降低10% ~25%	危险状态 1. 重要部件出现严重的功能性病害，且有继续扩张现象，关键部位的部分材料强度达到极限，出现部分钢筋断裂、混凝土压碎或杆件失稳变形的破损现象，变形大于规范值，结构的强度、刚度、稳定性和动力响应不能达到平时交通安全通行的要求； 2. 承载能力比设计降低25%以上

续上表

类别	一 类	二 类	三 类	四 类	五 类
墩台与基础	1. 墩台各部分完好； 2. 基础及地基状况良好	1. 墩台基本完好； 2. 3%以内的表面有风化、麻面、短细裂缝，缝宽小于限值，砌体灰缝脱落； 3. 表面长有青苔、杂草； 4. 基础无冲蚀现象	1. 墩台3%~10%的表面有各种缺损，裂缝宽超限值，有风化、剥落、露筋、锈蚀现象；砌体灰缝脱落，局部变形等； 2. 出现轻微的下沉、倾斜、滑动等现象，发展缓慢或趋向稳定； 3. 基础有局部冲蚀现象，桩基顶段被磨损	1. 墩台10%~20%的表面有各种缺损，裂缝宽而密，剥落、露筋、锈蚀严重，砌体大面积松动、变形； 2. 墩台出现下沉、倾斜、滑动、冻拔现象，变形小于或等于规范值。台背填土有沉降裂缝或挤压隆起，变形发展较快； 3. 基础冲刷大于设计值，基底冲空面在10%~20%以内；桩基顶段被侵蚀、露筋、缩颈，或有环状冻裂	1. 墩台不稳定，下沉、倾斜、滑动，冻拔现象严重，变形大于规范值，造成上部结构和桥面变形过大，不能正常行车； 2. 墩台、桩基出现结构性裂缝，裂缝宽度超过限值； 3. 基底冲刷深度大于设计值，冲空面达20%以上；地基承载力降低，桥台岸坡滑移

续上表

类别	一　类	二　类	三　类	四　类	五　类
支座	1. 各部分清洁完好，位置正确； 2. 支座工作状态正常	1. 支座有尘土堆积、略有腐蚀； 2. 支座滑动面干涩	1. 钢支座固定螺栓松动，锈蚀严重； 2. 橡胶支座开始老化； 3. 混凝土支座有剥落、露筋、锈蚀现象	1. 钢支座的组件出现断裂； 2. 橡胶支座老化开裂； 3. 混凝土支座碎裂； 4. 活动支座坏死，不能活动； 5. 支座上下错位过大，有倾倒脱落的危险	支座错位、变形、破损严重，已失去正常支承功能，使上下部结构受到异常约束，造成支承部位的缺损和桥面的不平顺
砖、石、混凝土上部结构	1. 结构完好，无渗水，无污染； 2. 次要部位有少量短细裂纹，裂纹宽度小于限值	1. 结构基本完好； 2. 3%以内的表面有风化、麻面、短细裂缝，缝宽小于限值，砌体灰缝脱落； 3. 上下游侧表面有水迹污染，砌体滋生杂草	1. 结构3%～10%的表面有各种缺损，裂缝宽超限值，有风化、剥落、露筋、锈蚀，桥面板裂缝渗水； 2. 石砌拱桥砌体灰缝脱落，局部松动、外鼓； 3. 横向连接件断裂、脱焊或松动，边梁或边拱肋有横移或外倾迹象	1. 结构10%～20%的表面有各种缺损，重点部位出现接近全截面的开裂，裂缝宽超限值，顺主筋方向有纵向裂缝，钢筋锈蚀和混凝土剥落严重，砌体有较大松动、变形； 2. 结构存在明显的永久变形，变形小于或等于规范值，桥面竖向成波形	1. 结构永久变形大于规范值； 2. 重点部分出现全截面开裂，裂缝宽度超过限值，部分钢筋屈服或断裂，混凝土压碎；主拱圈出现四铰，成不稳定结构； 3. 受压构件有严重的横向扭曲变形； 4. 承载能力比设计降低25%以上

续上表

类别	一　　类	二　　类	三　　类	四　　类	五　　类
人行道栏杆	完整清洁，无松动，少数构件局部有细裂纹、麻面	个别构件破损、脱落，3%以内构件有松动、开裂、剥落和污染	10%以内构件有松动、开裂、剥落、露筋、锈蚀、破损、脱落	10%～20%构件严重损坏、错位、变形、脱落、残缺	
桥面铺装、伸缩缝	1. 铺装层完好、平整、清洁，或有个别细裂缝； 2. 防水层完好、泄水管完好、畅通； 3. 伸缩缝完好、清洁； 4. 桥头平顺，无跳车现象	1. 铺装层10%以内的表面有纵横裂缝、浅坑槽、波浪； 2. 防水层基本完好；泄水管堵塞，周围渗水； 3. 伸缩缝局部破损； 4. 桥头轻度跳车，台背路面下沉在2cm以内	1. 铺装层10%～20%的表面有严重的龟裂、深坑槽、波浪； 2. 桥面板接缝处防水层断裂渗水，泄水管破损、脱落； 3. 伸缩缝普遍缺损； 4. 桥头跳车明显，台背路面下沉2～5cm	1. 铺装层20%以上表面有严重的破坏，桥面普遍坑洼不平、积水； 2. 防水层老化失效，普遍断裂、渗水，泄水管脱落，泄水孔堵塞； 3. 伸缩缝严重破损、失效，难以修补； 4. 桥头跳车严重，台背路面下沉大于5cm	
调治构造物	1. 构造设置合理，功能正常； 2. 构造物完好	1. 构造功能基本正常； 2. 构造物局部断裂，砌体松动、变形	1. 构造本身抗洪能力不足，基础局部冲蚀； 2. 构造物20%以内出现下沉、倾斜、局部坍塌	1. 构造本身抗洪能力太低，基础冲蚀严重； 2. 构造物20%以上被破坏，部分丧失功能或功能下降	

续上表

类别	一 类	二 类	三 类	四 类	五 类
翼（耳）墙、锥（护）坡	1. 翼（耳）墙完好无损，清洁； 2. 锥（护）坡完好，无垃圾堆积，无草木滋生； 3. 桥头排水沟和行人台阶完好	1. 翼（耳）墙出现个别裂缝，缝宽小于限值，局部剥落，砌体灰缝脱落，面积在10%以内； 2. 锥（护）坡局部塌陷，铺砌缺损，垃圾堆积，草木丛生； 3. 桥头排水沟堵塞不畅通，行人台阶局部塌落	1. 翼墙断裂与桥台前墙脱开，但无明显外倾、下沉，砌体灰缝脱落、局部松动外鼓，面积小于20%； 2. 锥（护）坡出现大面积塌陷，铺砌缺损，形成冲沟或积水坑，坡脚有局部冲蚀； 3. 桥头排水沟和行人台阶损坏，功能降低	1. 翼墙断裂、下沉、外倾失稳，砌体变形，部分严重倒塌； 2. 锥（护）坡体和坡脚冲蚀严重，有滑移、坍塌，坡顶下降较大，作用明显减小； 3. 桥头排水沟和行人台阶全部损坏，几乎消失	
照明、标志、附属设施	完好无缺，布置合理	照明灯泡坏，灯柱锈蚀、标志不正、脱落，附属设施基本完好	灯柱歪斜不正，灯具损坏，标志倾斜损坏，附属设施需保养维修	照明线老化破断或短路，灯柱、灯具残缺不齐，标志损失严重，附属设施需维修与更换	

附录F　公路路段登记卡片

公路路段登记卡片

登记单位名称：　　　　　　　　　　　　　　　　　　　　　　卡片1

指　　标	实际		指　　标	实　　际
路线编号			路线名称	
路段编号			路段名称	
起点桩号			技术等级	
终点桩号			路基宽度（m）	
起点名称			路面宽度（m）	
终点名称			路肩类型	
所在乡镇			路面基层类型/厚度（cm）	
断链值	是	否	路面面层类型/厚度（cm）	
是否重复路段	是	否	最小平曲线半径（m）	
是否断头路路段			最大纵坡（%）	
路段长度（km）			涵洞（道/m）	
养护里程（km）			通车日期	
可绿化里程（km）			验收日期	
已绿化里程（km）			管养单位类别	
晴雨通车里程（km）			管养单位名称	
公路用地征用情况和范围			养护类型	是/否经常性养护
			养护经费来源	

负责人：　　　　　　　填卡人：　　　　　　　填卡日期：

注：乡级公路按全省统一编号登记，村道不实行统一编号，登记时可不填路线编号。

公路路线汇总卡片

填报单位名称（公章）：　　　　　　　　　　　　　　　　卡片 2

<table>
<tr><td>路线名称</td><td></td><td>路线编号</td><td colspan="3"></td><td>行政等级</td><td></td></tr>
<tr><td colspan="2">经过的主要控制点</td><td colspan="4"></td><td>所属乡镇</td><td></td></tr>
<tr><td>起点地名</td><td></td><td>起点桩号</td><td></td><td>终点地名</td><td></td><td>终点桩号</td><td></td></tr>
</table>

<table>
<tr><td colspan="3">技术等级状况</td><td colspan="4">桥梁、隧道、涵洞状况</td></tr>
<tr><td colspan="2">指标</td><td>公里</td><td colspan="2">指标</td><td>延米（米）</td><td>座（道）</td></tr>
<tr><td colspan="2">里程总计</td><td></td><td colspan="2">桥梁合计</td><td></td><td></td></tr>
<tr><td rowspan="3">四级公路</td><td>小计</td><td></td><td>其中</td><td>危桥</td><td></td><td></td></tr>
<tr><td>单车道</td><td></td><td rowspan="3">按使用年份</td><td>永久性</td><td></td><td></td></tr>
<tr><td>双车道</td><td></td><td>半永久性</td><td></td><td></td></tr>
<tr><td rowspan="3">准
四级公路</td><td>小计</td><td></td><td>临时性</td><td></td><td></td></tr>
<tr><td>单车道</td><td></td><td rowspan="4">按跨径分</td><td>特大桥</td><td></td><td></td></tr>
<tr><td>双车道</td><td></td><td>大桥</td><td></td><td></td></tr>
<tr><td colspan="3">路面状况</td><td>中桥</td><td></td><td></td></tr>
<tr><td colspan="2">指标</td><td>公里</td><td>小桥</td><td></td><td></td></tr>
<tr><td colspan="2">沥青路面里程</td><td></td><td rowspan="5">隧道</td><td>合计</td><td></td><td></td></tr>
<tr><td colspan="2">水泥混凝土路面里程</td><td></td><td>特长隧道</td><td></td><td></td></tr>
<tr><td colspan="2">砌块路面里程</td><td></td><td>长隧道</td><td></td><td></td></tr>
<tr><td colspan="2">砂石路面里程</td><td></td><td>中隧道</td><td></td><td></td></tr>
<tr><td colspan="3">绿化、养护等情况</td><td>短隧道</td><td></td><td></td></tr>
<tr><td colspan="2">指标</td><td>公里</td><td colspan="2">涵洞</td><td></td><td></td></tr>
<tr><td colspan="2">晴雨通车里程</td><td></td><td colspan="4">备注</td></tr>
<tr><td colspan="2">可绿化里程</td><td></td><td colspan="4" rowspan="4"></td></tr>
<tr><td colspan="2">已绿化里程</td><td></td></tr>
<tr><td colspan="2">养护里程</td><td></td></tr>
<tr><td>养护单位</td><td colspan="2"></td></tr>
</table>

负责人：　　　　　　填卡人：　　　　　　填卡日期：

注：乡级公路按全省统一编号登记，村级公路不实行统一编号，登记时不填路线编号。

公路桥梁登记卡片

登记单位名称：　　　　　　　　　　　　　　　　卡片 3

指　　标	实　　际		指　　标	实　　际
所属路线编号			所属路线名称	
所属路段编号			所属路段名称	
桥梁名称			桥梁编号	
所跨河流/路线名称			按使用年限分类	永久性/半永久性/临时性
所跨航道通航等级			设计荷载等级	
中心桩号			跨径总长（m）	
桥梁长度（延米）			单孔最大跨径（m）	
孔数			上部结构类型	
跨径组合（m×孔）			下部结构类型	
设计洪水频率（年）			净空高（m）	
技术状态			桥梁全宽（m）	
是否危桥	是	否	桥面净宽（m）	
是否立交	是	否	管养单位类别	
建成时间			管养单位名称	
桥梁照片编码	立面照：	正面照：	桥面照：	其他照片：
备注				

负责人：　　　　　　填卡人：　　　　　　填卡日期：

注：乡级公路按全省统一编号登记，村道不实行统一编号，登记时可不填路线编号。

公路涵洞一览表

路线名称：　　　　路线编号：　　　　表 1

序号	桩号	建筑材料及形式	孔数×孔径	洞身长度（m）	洞底坡度（%）	基础种类及厚度（m）	墙、拱圈、盖板或管厚（m）	涵顶填土厚度（m）	洞口			造价（万元）	修建年月	管养单位	备注
									净高（m）	式样					
										进口	出口				

负责人：　　　　填卡人：　　　　填卡日期：

注：乡级公路按全省统一编号登记，村道不实行统一编号，登记时可不填路线编号。

附录G　公路桥梁养护管理工作制度

［发布单位］：交通部文件
交公路发［2007］336号

第一章　总　　则

第一条　为加强和规范公路桥梁养护管理工作，保证公路畅通和桥梁运行安全，依据《中华人民共和国公路法》、《收费公路管理条例》等法律、法规，制定本制度。

第二条　本制度适用于国道（含国家高速公路网，下同）、省道的桥梁养护管理工作。其他公路桥梁的养护管理参照执行。

第三条　桥梁养护管理应贯彻“预防为主，安全至上”的工作方针，努力提高桥梁结构的耐久性和安全性。

第四条　县级以上（含县级，下同）地方人民政府交通主管部门、公路管理机构（含省级交通主管部门指定的高速公路行业管理机构，下同）、收费公路经营管理单位，应高度重视桥梁养护管理工作，严格执行桥梁养护管理的各项规章制度，采取科学有效的管理手段和技术措施，对所管辖的公路桥梁及时组织实施检查、检测和养护维修，确保公路畅通和桥梁安全。

第五条　桥梁养护管理的技术工作实行桥梁养护工程师制度。

桥梁养护工程师和有关技术人员应按照《公路桥涵养护规范》的要求和规定，及时、全面掌握桥梁技术状况，保障桥梁安全运行。

第六条　公路桥梁养护管理实行“统一领导，分级管理”。

国务院交通主管部门负责全国公路桥梁养护管理工作的行业管理与监督。

县级以上地方人民政府交通主管部门，依据省级人民政府确定的对国道和省道的管理职责，主管本行政区域内的公路桥梁养护管理工作。其设置的公路管理机构负责辖区内公路桥梁养护管理的具体组织工作。

收费公路的桥梁养护管理工作，由收费公路经营管理单位具体负责组织实施。

第七条　各级交通主管部门和收费公路经营管理单位，应安排专项经费用于桥梁养护管理工作，保证桥梁安全运营。

国道、省道的桥梁养护管理经费在公路养路费中列支，其中收费公路桥梁养护管理经费在车辆通行费中列支。县道及其他公路上的桥梁养护管理经费筹集渠道由省级交通主管部门根据实际情况作出明确规定。

第二章　管理责任划分

第八条　省级交通主管部门应根据“事权一致、责任清晰”的原则，明确本辖区公路桥梁养护管理的管养单位和监管单位，并合理确定各自的工作职责。

第九条　公路桥梁养护管理的管养单位是指具体承担公路桥梁养护管理任务的有关公路管理机构、专门的桥梁养护管理单位或收费公路经营管理单位。

第十条　公路桥梁养护管理监管单位是指依照有关规定，主管桥梁养护管理工作的县级以上交通主管部门及受其委托承担监管职责的公路管理机构。

第十一条 公路桥梁管养单位疏于养护管理，不按相关规定准确掌握桥梁技术状况，或未及时采取相关措施，而导致的桥梁安全事故，由管养单位承担主要责任，监管单位承担监管责任。

负责公路桥梁养护经费的投资决策单位未根据桥梁技术状况和管养要求安排相应投资而造成的桥梁安全事故，由投资决策单位和具体管养单位共同承担主要责任，监管单位承担监管责任。

省级交通主管部门应结合本地实际，制订桥梁安全事故责任追究制度。

第十二条 公路桥梁管养单位和监管单位必须明确负责桥梁养护管理工作的分管行政领导和具体技术人员，保证桥梁养护管理的各项职责得以贯彻落实。

第三章 桥梁养护工程师制度

第十三条 各级公路管理机构、收费公路经营管理单位和桥梁养护管理单位，应设置专职的桥梁养护工程师，并保持其人员的相对稳定。

第十四条 公路桥梁管养单位的桥梁养护工程师履行以下主要职责：

（一）主持桥梁的经常检查与评定，负责组织桥梁的定期检查与评定。并根据检查结果编制并上报养护维修建议计划，提出须进行特殊检查的桥梁的申请报告，组织编制桥梁养护、维修、改建方案和对策措施。

（二）主持桥梁的小修保养和抗灾抢险工作，考核桥梁养护质量，并及时上报辖区的桥梁受自然灾害和其他因素损坏的情况。组织实施超重车辆通过的有关技术工作。

（三）监督、组织桥梁养护大、中修和改建工程；组织并参与桥梁大、中修和改建工程的中间检查和交（竣）工验收。

（四）负责所管辖桥梁技术档案的补充、完善和保密工作，定期对辖区内桥梁技术状况进行综合评价与分析；负责桥梁管理系统的数据更新、系统维护、系统运行以及桥梁养护报告编写等工作。

（五）负责对下级单位桥梁养护工程师的技术业务培训、考核工作。

第十五条　公路桥梁养护管理监管单位的桥梁养护工程师履行以下主要职责：

（一）负责辖区内桥梁养护管理的技术工作，监督检查管养单位桥梁养护工程师职责履行情况。

（二）组织制定辖区内桥梁养护管理工作计划，并监督实施。

（三）按规定负责复核四、五类技术状况桥梁的评定工作。

（四）参与制定重要桥梁的大、中修和改建工程技术方案和对策措施，并组织审验其科学合理性。

（五）组织辖区内桥梁养护工程师及有关技术人员的技术业务培训。

第十六条　公路桥梁管养单位的桥梁养护工程师应具有三年以上从事桥梁养护管理工作经历，具有工程师及以上技术职称。

桥梁养护管理监管单位的桥梁养护工程师应具有五年以上从事桥梁养护管理的工作经历，具有高级工程师及以上技术职称。

桥梁养护工程师的具体资格条件由省级交通主管部门制订。

第十七条　桥梁养护工程师实行定期培训考核制度。

省级交通主管部门应定期对持证桥梁养护工程师进行技术培训，并核发上岗证。桥梁养护管理技术人员经培训并参加考核合格后，才可持证上岗。

第四章　桥梁检查与评定

第十八条　桥梁检查分为经常检查、定期检查和特殊检查。

经常检查主要对桥面设施、上部结构、下部结构和附属构造物的技术状况进行日常巡视检查。

定期检查是指按照规定周期，对桥梁主体结构及其附属构造物的技术状况进行定期跟踪的全面检查，评定桥梁技术状况等级。

特殊检查指在特定情况下对桥梁技术状况进行鉴定，以查清桥梁的病害成因、破损程度、承载能力或抗灾能力等。

经常检查和定期检查应符合《公路桥涵养护技术规范》的规定。

第十九条　经常检查主要以目测方式配合简单工具进行，检查周期为每月不少于一次，汛期应增加检查频率。对经常检查中发现重要部（构）件明显达到三、四、五类技术状况的桥梁，应立即安排定期检查。

经常检查过程中应填写“桥梁经常检查记录表”，现场登记所检查的项目和缺损类型，估计缺损范围和养护工程量，提出相应的小修保养措施，为编制小修保养计划提供依据。

检查结束后要及时更新桥梁养护管理系统数据。

第二十条　桥梁定期检查主要以目测结合仪器检查方式进行。其检查周期一般不低于每三年一次，特殊结构桥梁应每年一次。

第二十一条　特殊检查应委托有相应资质和能力的单位实施。

特殊检查应采用仪器设备，通过检测或试验的方法，并结合理论分析，对桥梁的缺损状况、病害成因、承载能力或抗灾能力作出科学明确的判定。并根据检测结果提出针对性的维修处治措施建议。

桥梁的特殊检查评定应符合有关标准和技术规范的要求。

第二十二条　依据检查结果，桥梁技术状况等级评定分为一至五类。

一类桥：技术状况处于完好或良好状态，仅需对桥梁进行保养维护。

二类桥：技术状况处于良好或较好状态，仅需对桥梁进行小修或保养。

三类桥：技术状况处于较差状态，个别重要构件有轻微缺损或部分次要构件有较严重缺损，但桥梁尚能维持正常使用功能。

四类桥：技术状况处于差的状态，部分重要构件有较严重缺损或部分次要构件有严重缺损，桥梁正常使用功能明显降低，桥梁承载能力降低但尚未直接危及桥梁安全。

五类桥：技术状况处于危险状态，部分重要构件出现严重缺损，桥梁承载能力明显降低并直接危及桥梁安全。

第二十三条　公路桥梁技术状况由桥梁管养单位负责组织评定。对非收费公路、政府还贷收费公路上评定为四类和五类的桥梁按以下规定进行复核。复核期间，管养单位应采取应急保障措施，保证桥梁运营安全。

技术状况为四类的中、小桥梁以及结构较简单、病害清楚的大桥，由上级公路管理机构的桥梁养护工程师负责组织复核。

技术状况为四类的特大桥、结构或病害较复杂的大桥，以及技术状况为五类的桥梁，由上级公路管理机构桥梁工程师提出初步复核意见后报省级公路管理机构，由省级公路管理机构的桥梁养护工程师负责组织提出最终复核意见。

第二十四条　特大桥、特殊结构桥梁和单孔跨径 60 米及以上大桥的检测评定工作应符合以下规定：

（一）在桥梁上下部结构的必要部位埋设永久性位移观测点，并定期进行观测，一、二类桥每三年至少一次，三类桥每年至少一次，四、五类桥每季度至少一次，特殊情况时应加大观测密度。

（二）应安排专项经费委托有资质的单位进行定期的特殊检查。一、二类桥每五年至少一次，三类桥每三年至少一次，四、五类桥应立即安排进行特殊检测。

（三）对特别重要的特大桥，应建立符合自身特点的养护管理系统和健康监测系统。

第五章　桥梁养护工程管理

第二十五条　桥梁养护工程分为小修保养、中修、大修、改建。

对技术状况为一、二类的桥梁应加强小修保养，防止出现明显病害。对技术状况为三类的桥梁应及时进行中修，防止病害加快扩展，影响桥梁安全运营。

对技术状况为四类和五类的桥梁，应及时采取管理措施，保证安全。并依据桥梁特殊检查结果和技术论证分析，安排大修或改建。省级交通主管部门应制定有关安全管理规定，明确警示标志的设置位置、型式、数量，以及应采取的管理措施等。

对荷载等级、宽度、抗灾能力、安全防护标准等技术指标低于所在公路技术标准的桥梁，应有计划地进行技术改造。

第二十六条　桥梁小修保养、中修工程由管养单位组织实施，大修、改建工程由地市级及以上公路管理机构或收费公路经营管理单位组织实施。

第二十七条　大修、改建工程应通过竞争方式选择施工单位，并视工程具体情况推行招标投标制度。

情况特殊不进行招标投标的项目，应对被委托人的资质、业绩和信誉等有关情况进行审查。

第二十八条　省级交通主管部门应当结合本辖区桥梁养护工作实际情况，制定和完善桥梁养护工程市场管理的规章制度，并对从业单位及人员实行信用管理，加强桥梁检测、加固设计、施工、监理等的市场管理工作，逐步构建统一公开、竞争有序的桥梁养护工程市场。

第二十九条　桥梁大修、中修、改建工程完工后，应按照相关规定进行验收。工程实施后的桥梁技术状况必须恢复至一、二类。

第三十条　各级交通主管部门应采取有效措施，加强桥梁养护工程的施工管理。

对需要封闭交通或长时间占用行车道施工的桥梁养护工程，除紧急情况外应在项目开工前15天，发布相关信息。高速公路、国道上的断交施工信息应及时按规定报交通部备案。

第三十一条　桥梁养护工程施工单位应按照相关规定，合理布设施工作业区，设置标志和安全防护设施，保证施工车辆、人员和过往车辆的安全，必要时还应协助有关部门做好交通疏导工作。

第六章　技术档案管理

第三十二条　桥梁管养单位和监管单位应建立健全公路桥梁技术档案管理制度，大力推广应用公路桥梁管理系统，及时更新桥梁技术数据，保证公路桥梁技术档案真实完整，实现电子化管理。

特别重要的特大型桥梁应建立符合自身特点的电子档案管理

系统和养护管理系统。

第三十三条 公路桥梁技术档案应包括桥梁基础资料、管理资料、检查资料、养护维修资料、特殊情况资料等。

第三十四条 桥梁基础资料包括以下内容：

（一）桥梁设计施工图及竣工图，结构计算分析报告。

（二）施工过程中的试验检测及科研资料。

（三）工程事故处理资料。

（四）施工全过程的结构位移或变形测试资料。

（五）观测或监测点（部件）资料。

（六）交（竣）工验收资料。

对新建桥梁，接养单位应参与交（竣）工验收。桥梁建设单位应向接养单位移交桥梁基础资料，并协同做好接养工作。

第三十五条 桥梁管理资料包括桥梁管养单位、监管单位，及其分管领导、桥梁养护工程师等的基本资料。

管理资料中对桥梁养护工程师除应归档个人基本资料外，还应归档其业务考核情况和年度主要工作情况。

第三十六条 桥梁检查资料包括桥梁经常检查、定期检查结果、养护对策建议、特殊检查建议报告、养护建议计划等技术资料，以及检查的时间、实施人员等基本资料。

特殊检查还应包括检测（试验）方案、检测（试验）报告、照片及多媒体材料，检测（试验）方的资质证书（复印件）、业绩证明（复印件）以及主要检测人员的资格证书（复印件）等。

第三十七条 桥梁养护维修资料应包括以下内容：

（一）小修保养工程的实施技术资料和养护质量评定结果，以及工程实施的时间、组织实施人员等。

（二）桥梁的中修、大修、改建工程的设计图纸、竣工图纸、施工资料、监理资料、监控（监测）资料、质量事故处理报告、交（竣）工验收等技术资料，以及设计、施工、监理和监控（监测）等各方的资质证书（复印件）、业绩证明（复印件）及其主要检测人员的资格证书（复印件）等。

第三十八条　桥梁特殊情况资料主要包括地质灾害、气象灾害、超限运输等特殊事件的具体情况、损害程度、处治方案等。

第三十九条　基本资料缺失的桥梁，应根据历年检查、养护资料，逐步建立和完善其技术档案。必要时，可专门安排有针对性的检测、试验或特殊检查，补充、完善桥梁技术资料。

第四十条　收费公路经营管理单位应根据省级交通主管部门的规定，及时向有关交通主管部门或公路管理机构提供桥梁技术档案。

第七章　应急处置管理

第四十一条　桥梁突发事件的处置工作应在各级政府的统一领导下，由各级交通主管部门具体负责，实行条块结合、以块为主。

第四十二条　省级交通主管部门应制定以预防和处置桥梁坍塌事故为重点的突发事件应急预案，明确信息上报、分级响应、交通保障与恢复、事故调查等工作的职责和程序。

具体的桥梁养护管理单位应单独制定针对重要和特大型桥梁的应急预案。对技术状况为四、五类的桥梁，以及超过使用年限的危旧桥梁，除采取相应的管理措施外，还应分别制定应急交通组织方案，确保一旦发生事故，交通组织工作井然有序。

第四十三条　接获公路桥梁突发信息后，桥梁管养单位应立即向上级主管部门报告并启动应急预案，及时、有效地进行处置工作。应急处置过程中，要按相关规定向上级主管部门续报有关情况。

第四十四条 发生以下突发事件，桥梁管养单位和省级交通主管部门应在接获有关信息后立即上报交通部：

（一）桥梁损毁中断交通的。

（二）大型、特大型桥梁出现严重病害危及桥梁安全的。

（三）车辆或船舶与桥梁设施相撞，造成严重后果的。

第四十五条 地方各级交通主管部门、公路管理机构、公路桥梁养护管理单位、收费公路经营管理单位要按照职责分工和相关预案切实做好应对桥梁突发事件的人员、物资、资金保障工作，确保应急工作正常有序进行。

第八章 监 督 检 查

第四十六条 各级交通主管部门、公路管理机构应依据有关法律法规的规定，对辖区内公路桥梁的养护管理工作进行监督检查。

桥梁管养单位、监管单位应自觉接受有关交通主管部门和公路管理机构依法实施的监督检查。不得以任何理由推诿、拒绝。

第四十七条 各级交通主管部门、公路管理机构对公路桥梁养护管理工作实施监督检查时，应当深入桥梁养护管理工作现场，并采取必要的技术检测手段，不得流于形式。监督检查应包括以下主要内容：

（一）各项规章、制度和技术规范的执行情况。

（二）人员、经费的落实情况。

（三）桥梁检查、评定工作的开展情况。

（四）养护计划执行和养护工程管理情况。

（五）桥梁技术档案和管理信息系统的建设维护情况。

（六）各项应急预案的制定和执行情况。

（七）省级交通主管部门规定的其他监督检查项目。

第四十八条　各级交通主管部门和公路管理机构在监督检查过程中，对发现的问题，应当责令有关单位立即改正。监督检查结束后，应向有关单位反馈书面意见。

对桥梁养护管理工作薄弱、技术状况评定不规范、安全隐患突出的单位，应给予通报批评。造成严重后果的，应按规定追究有关人员的责任。

第九章　附　则

第四十九条　本《制度》由交通部负责解释。

第五十条　本制度自发布之日起实施。1991 年颁布的《公路桥梁养护管理工作制度》同时废止。

《公路桥梁养护管理工作制度》修订工作说明

一、编制背景

1991 年交通部颁布实施的《公路桥梁养护管理工作制度》（工公管字〔1991〕77 号），对规范和指导我国公路桥梁养护管理工作发挥了重要作用。90 年代中后期以来，随着我国公路建设事业快速发展，以及高新科技在公路交通基础设施建设领域的广泛应用，公路桥梁数量显著增加，特别是新建了许多跨度大、技术条件复杂的特大型桥梁。目前，大跨径桥梁的养护管理以及部分老旧桥梁如何适应当前车辆荷载要求等方面的问题日显突出，公路桥梁养护面临着全新的形势，任务极为艰巨。加之，我国公路建设在融资渠道、建设模式、收费及还贷方式、养护管理机构设置等方面呈现出较为复杂的多样性，导致一些桥梁疏于管养，责任主体不清。总体看，1991 年颁布的《公路桥梁养护管理工作制度》已经不适应桥梁养护管理的现实需要，亟待修订完善。鉴此，2004 年我司组织实施了《公路桥梁养护管理工作制度》的修订工作。

二、修订过程

为做好《公路桥梁养护管理工作制度》修订工作，部立题开展研究，并委托部公路科学研究院组织实施。2005年4月在北京召开了编制大纲评审会，形成编制大纲。在广泛调研的基础上，多次召开专题会议，认真听取公路管理机构、行业专家的意见，对初稿进行研究讨论，于2006年编制完成征求意见稿，并在2006年5月全国公路养护管理工作会议上正式印发各省（市、区）再次征求意见。根据各地多次反馈的意见，我们对《公路桥梁养护管理工作制度》多次修改完善，形成了送审稿。

三、修订内容

本次修订，以适应桥梁养护形势需要为目的，以明确责任主体，强化监管责任，完善管理制度为重点，以《公路法》、《收费公路管理条例》、《公路桥涵养护规范》、《公路养护工程管理办法》等法律法规、技术规范为依据。修订后的《公路桥梁养护管理工作制度》，由原先的四章三十条增加为九章五十条，其中对总则、桥梁养护工程师制度、桥梁检查与评定及技术档案管理等内容做了修改和完善，增加了管理责任划分、桥梁养护工程管理、应急处置、监督检查等章节。修订的主要内容如下：

（一）明确责任主体，强化监管责任

针对现阶段桥梁养护中存在的养护责任主体不清，行业监管不力的情况，在总则和管理责任划分章节中明确了公路桥梁养护管理实行“统一领导，分级管理”的管理体制，根据“事权一致、责任清晰”的原则，按照监管单位和管养单位进行划分，确立了各级交通主管部门、公路管理机构和收费公路经营单位作为行业管理和桥梁养护的责任主体，强化了各部门相应的管理责任和资金保障责任。其中重点明确了收费公路经营单位对收费公路桥梁所应承担的管养职责。

（二）加强专业人员保障，确立桥梁养护工程师制度

公路桥梁养护专业性强，技术含量高，桥梁养护工程师作为桥梁养护措施的制定和实施者，是保障桥梁养护质量优良的关键。本次修订把桥梁养护工程师制度作为技术工作制度在总则中予以了明确。按照监管单位和桥梁管养单位对桥梁养护工程师的职责进行了规定，增加了桥梁养护工程师基本任职条件和定期培训考核的要求。

（三）按照《公路桥涵养护规范》（JTG H11—2004）的要求调整桥梁检查与评定的有关规定

对桥梁经常检查、定期检查、和特殊检查的要求以及桥梁技术状况的评定等进行了调整，使其符合《公路桥涵养护规范》（JTG H11—2004）的规定。原制度中关于桥梁检查的具体项目属于技术要求，在《公路桥涵养护规范》中已有详细规定，此次修订予以删去。此外，增加了特大桥和特殊结构桥梁的监测和特殊检查的有关要求。特别是强调桥梁的特殊检查要委托具有相应资质和能力的检测机构来实施，以保证检测工作的有效开展。

（四）规范桥梁养护工程管理

随着公路养护运行机制改革的推进，养护工程逐渐市场化，其管理方式也发生新的转变。原制度对桥梁养护工程管理未作出规定，此次修订参照《公路养护工程管理办法》、《公路桥涵养护规范》中的有关要求，按照“管养分离、事企分开”的原则，从桥梁养护工程的组织实施、招投标、规范养护工程市场、施工管理、信息报送等方面，对交通主管部门、桥梁管养单位、养护工程施工单位提出了不同的要求。

（五）技术档案管理

明确桥梁管养单位和监管单位应建立健全技术档案管理制度，将公路桥梁技术档案分为桥梁基础资料、管理资料、检查资料、养护维修资料、特殊情况资料五类，并对每类资料所包括的内容作了详细规定。提倡使用公路桥梁管理系统，实现电子化管理，特大型桥梁建立单独的档案管理系统和养护管理系统。

（六）增加应急处置管理要求

近年来桥梁养护突发事件及灾害性事件不断增多，各级交通部门都建立了应急处置管理系统和相应的应急处置预案。原制度中未对应急处置管理作出相应规定，在本次修订中增加了应急处置管理的有关内容和程序要求。主要是明确了“条块结合、以块为主”的工作原则、交通主管部门及桥梁管养单位的工作职责及有关信息报送要求。

（七）加强行业监管

针对当前桥梁养护工作中存在行业监管不到位的情况，同时考虑到桥梁养护逐渐市场化，亟待加大行业监督检查力度。本次修订的制度中明确要求各级交通主管部门、公路管理机构应切实履行对公路桥梁养护的监督检查职责，并具体规定了监督检查的主要内容和对所发现问题的处理要求。

附录H　云南省公路桥梁养护管理工作规定

[发布单位]：云南省交通运输厅

第一章　总　　则

第一条　为加强和规范公路桥梁养护管理工作，做到“事权一致、责任清晰”，保证公路桥梁养护管理的各项职责得以贯彻落实，确保公路畅通和桥梁运行安全。依据《中华人民共和国公路法》、《收费公路管理条例》，根据交通部《公路桥梁养护管理工作制度》、《公路桥涵养护技术规范》要求，结合云南实际制定本规定。

第二条　本规定适用于国道（含国家高速公路网，下同）、省道的桥梁养护管理工作。其他公路桥梁的养护管理参照执行。

第三条　县级以上（含县级，下同）地方人民政府交通主管部门、公路管理机构（含省交通厅指定的高速公路行业管理机构，下同）、收费公路经营管理单位，应高度重视桥梁养护管理工作。各单位应按照交通部《公路桥梁养护管理工作制度》要求认真贯彻，并结合本规定，严格执行桥梁养护管理的各项规章制度，采取科学有效的管理手段和技术措施，对所管辖的公路桥梁及时组织实施检查、检测和养护维修，确保公路畅通和桥梁安全。

第四条 各级交通主管部门和收费公路经营管理单位，应安排专项经费用于桥梁养护管理工作，保证桥梁安全运营。

国道、省道的桥梁养护管理经费在公路养路费中列支，其中收费公路桥梁养护管理经费在车辆通行费中列支。县道及其他公路上的桥梁养护管理经费筹集渠道由各级交通主管部门根据实际情况作出明确规定。

第五条 各州市交通局、省公路局和各收费公路的经营管理单位应结合省交通厅印发的公路桥梁运营突发事件应急预案和信息上报制度，制定以预防和处置桥梁坍塌事故为重点的突发事件应急预案，明确信息上报、分级响应、交通保障与恢复、事故调查等工作的职责和程序。

具体的桥梁养护管理单位应单独制定针对重要和特大型桥梁的应急预案。对技术状况为四、五类的桥梁，以及超过使用年限的危旧桥梁，除采取相应的管理措施外，还应分别制定应急交通组织方案，确保一旦发生事故，交通组织工作井然有序。

第二章 管理责任划分

第六条 公路桥梁养护管理责任实行“统一领导，分级管理”。

省交通厅负责全省公路桥梁养护管理工作的行业管理与监督。

各州市交通局及受其委托承担监管职责的公路管理机构具体负责本区域内公路桥梁养护管理监管工作，其下属的公路管理机构或专业公路养护管理单位为本区域内公路桥梁养护管理单位。

省公路局负责本管辖区内公路桥梁养护管理监管工作，其下属的公路管理机构或专业公路养护管理单位为本辖区域内公路桥梁养护管理管养单位。

各收费公路经营管理单位（公司）负责辖区内公路桥梁养护管理监管工作，其下属的管理机构（管理处、子公司）或专业公路养护管理单位为本辖区域内公路桥梁养护管理管养单位。

各州市交通局、省公路局、各收费公路经营管理单位应结合自身特点，根据交通部《公路桥梁养护管理工作制度》要求，在辖区内进一步明确公路桥梁养护管理的监管单位和管养单位具体职责。

第三章　公路桥梁技术状况的评定与复核

第七条　公路桥梁技术状况的评定与复核。

公路桥梁技术状况的评定由桥梁管养单位负责组织评定。

对于桥梁技术状况评定为四类的中、小桥梁以及结构较简单、病害清楚的大桥，可由本辖区域内的桥梁监管单位的桥梁养护工程师负责组织复核，并将复核情况报备省交通厅。

对于技术状况为四类的特大桥、结构或病害较复杂的大桥，以及技术状况为五类的桥梁，可由本辖区域内的桥梁监管单位的桥梁养护工程师负责组织，提出初步复核意见后报省交通厅，由省交通厅或受其委托单位的桥梁养护工程师负责组织提出最终复核意见。

在桥梁技术状况复核期间，管养单位应采取应急保障措施，保证桥梁运营安全。

第四章　公路桥梁养护工程师管理

第八条　各级公路管理机构、收费公路经营管理单位和专业公路养护管理单位，应设置专职的桥梁养护工程师，并保持其人员的相对稳定。

第九条　公路桥梁养护工程师资格证适用于：

在云南省从事公路桥梁养护工程的养护监管、养护管理、养护施工等专业技术人员。

第十条 公路桥梁养护工程师的政治素质、职业道德要求。

遵守国家法律和法规，有良好的职业道德和敬业精神。

第十一条 公路桥梁养护工程师的桥梁养护理论知识及工作经历（能力）要求。

（一）掌握公路桥梁养护的基础理论知识和公路桥梁养护技术知识。

（二）掌握公路桥梁养护的技术标准、规范、规程、规章。

（三）熟悉国家有关公路桥梁养护的法律、技术政策和技术法规。

（四）熟悉相关公路桥梁养护的主要技术知识和现代管理科学知识。

（五）熟悉国内外公路桥梁养护最新技术状况和发展趋势，能将新技术成果应用于工作实践。

（六）有较丰富的公路桥梁养护工作经验，能解决公路桥梁养护中较复杂、疑难的技术问题和独立完成桥梁养护技术工作任务的经历与能力。

第十二条 管养单位的桥梁养护工程师资格。

具备以下条件：

（一）有三年以上从事桥梁养护、管理工作经历；

（二）取得工程师及以上技术职称；

（三）能主持桥梁的经常检查与评定，组织桥梁的定期检查与评定，定期对辖区内桥梁技术状况进行综合评价与分析。具有根据检查结果编制上报养护维修建议计划，提出特殊检查桥梁的申请报告，并组织编制桥梁养护、维修、改建方案和对策措施的能力；

（四）具有主持桥梁的小修保养和抗灾抢险工作，考核桥梁养护质量，及时上报辖区的桥梁受自然灾害和其他因素损坏的情况，并组织实施超重车辆通过的有关技术工作的能力；

（五）能够监督、组织桥梁养护大、中修和改建工程；有组织并参与桥梁大、中修和改建工程的中间检查和交（竣）工验收的能力；

（六）具有指导下级单位桥梁养护工程师的技术业务培训、考核工作的能力；

（七）具有建立公路桥梁养护技术档案管理的能力；

（八）参加由云南省交通厅主办或受其委托举办的公路桥梁养护工程师上岗培训班，并考核合格。

第十三条　监管单位的桥梁养护工程师。

必须具备以下条件：

（一）有五年以上从事桥梁养护管理的工作经历；

（二）取得高级工程师及以上技术职称；

（三）具有对辖区内桥梁养护管理的技术工作，监督检查管养单位桥梁养护工程师职责履行情况的能力；

（四）具有组织制定辖区内桥梁养护管理工作计划，并监督实施的能力；

（五）具有按规定复核四、五类技术状况桥梁的评定工作的能力；

（六）具有参与制定重要桥梁的大、中修和改建工程技术方案和对策措施，并组织审验其科学合理性的能力；

（七）具有组织辖区内桥梁养护工程师及有关技术人员的技术业务培训的能力；

（八）具有监督、检查下级单位公路桥梁养护技术档案管理的能力；

（九）参加由云南省交通厅主办或受其委托举办的公路桥梁养护工程师培训班，并考核合格。

第十四条 桥梁养护工程师持证上岗实行定期培训考核制度。

满足上述要求的技术人员参加培训时，填报申请表，参加由省交通厅定期组织的桥梁养护工程师技术培训，经考核合格后，核发桥梁养护工程师（监管或管养）岗位合格证，方可持证上岗并从事桥梁养护管理工作。为满足实际专业技术工作需要，桥梁养护工程师实行定期培训考核制度，桥梁养护工程师资格证书有效期为三年，每隔三年参加由云南省交通厅或受其委托单位举办的公路桥梁养护工程师培训班继续学习，经培训及履职考核合格后可继续持证上岗。

桥梁养护工程师持证后履职考核：在省交通厅对桥梁养护管理的检查（抽查）中，一并纳入检查考核记录，桥梁养护工程师资格证书有效期满后经培训合格，履职考核为合格以上者方可继续持证上岗。

第五章 责任档案管理与责任追究

第十五条 桥梁管养单位和监管单位要应用公路桥梁管理系统，建立桥梁结构监测预警预报管理软件系统，建立健全公路桥梁技术电子档案管理系统和管理制度，及时更新桥梁技术数据，保证公路桥梁技术档案真实完整，实现电子化管理。对特别重要的特大桥，应建立符合自身特点的养护管理系统和健康监测系统。

对于新建桥梁，接养单位应参与交（竣）工验收。桥梁建设单位应向接养单位移交桥梁基础资料，并协同做好接养工作。

第十六条 桥梁养护管理单位应建立桥梁养护管理责任卡，

将桥梁管养单位、监管单位、其分管领导、桥梁养护工程师的基本资料记录在卡中，进一步明确桥梁养护管理的责任单位和人员，作为桥梁养护管理的责任档案卡（见附表一）。要求桥梁管养单位按年度对桥梁的经常检查、定期检查资料、桥梁养护管理责任卡、桥梁养护工程师履职年度考核情况表和年度主要工作总结装订归档（见附表二、三）。监管单位桥梁养护工程师履职年度考核情况表和年度主要工作总结由监管单位统一归档管理。

第十七条 公路桥梁养护管理实行桥梁养护责任制。

公路桥梁管养单位和监管单位必须明确一名分管行政领导和一个部门负责桥梁养护管理工作，保证桥梁养护管理的各项职责得以贯彻落实。主要行政领导是第一责任人、分管行政领导是具体责任人、部门负责人和专（兼）职桥梁养护工程师为直接责任人。

第十八条 公路桥梁管养单位疏于养护管理，不按相关规定准确掌握每座桥梁技术状况、具体责任不落实，或未及时采取相关措施，而导致的桥梁安全事故，由管养单位承担主要责任，监管单位承担监管责任。

负责公路桥梁养护经费的投资决策单位未根据桥梁技术状况和管养要求安排相应资金而造成的桥梁安全事故，由投资决策单位和具体管养单位共同承担主要责任，监管单位承担监管责任。

第十九条 公路养护管理单位、监管单位、养护施工单位和个人，如有下列行为之一的，交通厅将责令整改，并视情节轻重，追究有关单位和个人的责任。同时，养护施工责任单位 1 ~ 5 年内不得在云南省公路养护市场从业或者申请资格，有资格证书的同时吊销资格证书；情节特别恶劣的，终身不得在云南省从业；取消责任人公路桥梁养护工程师资格，情节特别恶劣的，终身不得申报公路桥梁养护工程师。

（一）由于监管、管养不到位、责任不落实而造成桥梁倒塌的；

（二）病危桥梁上报不及时并造成重大安全事故的；

（三）施工组织不当，发生桥梁养护作业安全重大事故，造成交通严重堵塞并造成严重社会影响的；

（四）质量、安全管理责任不落实，引发质量、安全重大事故的；

（五）由于施工不当而造成桥梁倒塌的或未经审批，擅自修改计划项目、设计方案，造成安全或质量重大事故的。

第二十条 获得公路桥梁养护工程师资格证的技术人员，若出现下列情况之一，将取消其公路桥梁养护工程师资格，在五年内不得申报公路桥梁养护工程师，不得从事桥梁养护工程师的工作。

（一）伪造资历、职称，剽窃他人成果等弄虚作假者；

（二）对桥梁的经常检查与评定、定期检查与评定出现重大偏差或弄虚作假者；

（三）连续2年在其履职单位年度考核中不合格的人员；

（四）在上级部门不定期、定期检查中3年内2次对同一座责任桥梁养护管理进行通报的。

第二十一条 本规定自发文之日起实施。

附件一：公路桥梁养护管理责任档案卡；

附件二：桥梁养护工程师年度主要工作总结；

附件三：桥梁养护工程师履职年度考核情况表（管养单位）；

附件四：桥梁养护工程师履职年度考核情况表（监管单位）；

二〇〇七年十月二十九日

附件一　公路桥梁养护管理责任档案卡

第　页　共　页

路线编码		路线名称		养护单位		监管单位	
管养单位	分管行政领导		居民身份证号				
	桥梁养护工程师		居民身份证号				
监管单位	分管行政领导		居民身份证号				
	桥梁养护工程师		居民身份证号				

序号	桥梁名称	里程桩号（分上下行线）	桥梁类型	桥长（m）	分类
1					
2					
3					
4					
5					
6					
7					
8					
9					
10					
11					
12					
13					
14					
15					
16					
17					
18					
19					
20	桥长合计				

注：高速公路、一级公路分上下行线填。分类：特大桥、大桥、中桥、小桥等。桥梁类型：钢筋混凝土梁桥、板桥、拱桥、连续梁桥、T型刚构桥、斜腿刚构桥，钢管混凝土拱桥，圬工拱桥，吊桥、斜拉桥、钢结构桥等，主要是写明上部结构所使用材料。

附件二　桥梁养护工程师年度主要工作总结

单位：　　　　　　　　　　　　　　　　姓名：

附件三　桥梁养护工程师履职年度考核情况表（管养单位）

<table>
<tr><td>单　　位</td><td></td><td>姓　　名</td><td></td></tr>
<tr><td>考核时限</td><td colspan="3">年　　月　　至　　年　　月</td></tr>
<tr><td colspan="4">公路桥梁管养单位的桥梁养护工程师履职标准：
（一）主持桥梁的经常检查与评定，负责组织桥梁的定期检查与评定。并根据检查结果编制并上报养护维修建议计划，提出须进行特殊检查的桥梁的申请报告，组织编制桥梁养护、维修、改建方案和对策措施。
（二）主持桥梁的小修保养和抗灾抢险工作，考核桥梁养护质量，并及时上报辖区的桥梁受自然灾害和其他因素损坏的情况。组织实施超重车辆通过的有关技术工作。
（三）监督、组织桥梁养护大、中修和改建工程；组织并参与桥梁大、中修和改建工程的中间检查和交（竣）工验收。
（四）负责所管辖桥梁技术档案的补充、完善和保密工作，定期对辖区内桥梁技术状况进行综合评价与分析；负责桥梁管理系统的数据更新、系统维护、系统运行以及桥梁养护报告编写等工作。
（五）负责对下级单位桥梁养护工程师的技术业务培训、考核工作。</td></tr>
<tr><td colspan="2">基层单位考核等次：

（公章）
年　　月　　日</td><td colspan="2">监管单位审核意见：

（公章）
年　　月　　日</td></tr>
</table>

注：单位考核等次分为：优秀、合格、不合格。上级监管单位审核意见系指对单位考核等次同意或不同意。

附件四　桥梁养护工程师履职年度考核情况表（监管单位）

<table>
<tr><td>单　　位</td><td></td><td>姓　　名</td><td></td></tr>
<tr><td>考核时限</td><td colspan="3">年　　月　　至　　年　　月</td></tr>
<tr><td colspan="4">公路桥梁监管单位的桥梁养护工程师履职标准：
（一）负责辖区内桥梁养护管理的技术工作，监督检查管养单位桥梁养护工程师职责履行情况。
（二）组织制定辖区内桥梁养护管理工作计划，并监督实施。
（三）按规定负责复核四、五类技术状况桥梁的评定工作。
（四）参与制定重要桥梁的大、中修和改建工程技术方案和对策措施，并组织审验其科学合理性。
（五）组织辖区内桥梁养护工程师及有关技术人员的技术业务培训。</td></tr>
<tr><td colspan="4">监管单位审核意见及考核等次：

（公章）
年　　月　　日</td></tr>
</table>

注：单位考核等次分为：优秀、合格、不合格。

附录I　云南省农村公路日常养护质量检查评定办法(试行)

1　总　　则

1.0.1　目的

为加强农村公路养护技术管理，及时掌握农村公路养护质量和服务水平，最大限度地发挥农村公路的功能，为农村公路养护质量检查评比提供依据，本着科学、简便、实用的原则，制定本办法。

1.0.2　适用范围

本规范适用于云南省农村公路中水泥混凝土路面、沥青路面、弹石路面、砂石路面的养护质量评定。专用公路可参照使用。

农村公路中的二级及二级以上公路养护质量评定可以参照交通部颁布标准执行。

1.0.3　基本要求

客观、及时地反映云南省农村公路的使用质量，指导基层养护部门进行养护作业，发挥农村公路应有的使用功能，延长其使用寿命，促进农村公路养护标准化。

1.0.4　相关标准

云南省农村公路养护，除按本办法的规定执行外，还应遵守国家和行业现行公路有关技术规范的规定。

2　农村公路养护的质量要求

2.0.1　农村公路养护质量的基本要求：保持路面整洁、横坡适度、平整舒适；路肩整洁、平整顺直、边坡稳定、排水畅通；桥涵、构造物完好；交通标志、防护设施完好；绿化协调美观。

2.0.2　农村公路养护质量考核分为优、良、中、次、差五个等级。以优等、良等路里程占实际评定养护里程的百分比，即“优良路率”作为评定养护质量的主要指标。优良路率的计算公式为：

$$\text{优良路率} = \frac{\sum \text{优等路里程(km)} + \sum \text{良等路里程(km)}}{\text{实际评定养护里程}} \times 100\%$$

3　质量等级评定

3.0.1　农村公路养护质量的检查与评定，以1km为单位（不足1公里以实际长度为评定单位），按路面、路基构造物、桥涵、绿化及沿线设施五项养护质量内容分别评分定等。总分定为100分，其中：路面50分；路基构造物20分；桥涵20分；绿化5分；沿线设施5分。

3.0.2　等级划分条件：根据实地检查评分结果，在1km范围内（含1km），总分在90分以上（含90分，以下同），并且路面在45分以上，桥涵在15分以上的定为优等路；总分在80分以上并且路面在38分以上的定为良等路；总分在70分以上并且路面在30分以上的定为中等路；总分在60分以上的定为次等

路；总分不足60分的定为差等路。（见表1所示）

农村公路养护质量等级表（单位：分）　　表1

项目＼等级	满分	优等路	良等路	中等路	次等路	差等路
路面	50	≥45	≥38	≥30		
路基构造物	20					
桥涵	20	≥15				
绿化	5					
沿线设施	5					
总分	100	≥90	≥80	≥70	≥60	<60

4　分项计分标准

4.1　评分方法

4.1.1　路面：满分50分。为客观反映路面养护质量，并具有可操作性，将路面扣分归纳为路面外观扣分和路面病害扣分两类。

4.1.1.1　路面外观扣分（20分）：根据路面保洁和路面外观质量两个方面进行扣分。

（1）路面保洁（5分）：每100m（含100m以下）路面有杂物、积水等现象扣0.5分，依此类推。

（2）路面外观质量（15分）：路面外观质量扣分是当路面出现次要类病害时，即水泥混凝土路面包括裂缝、边角剥落、唧泥、露骨、平整度差、错台等病害；沥青路面包括泛油、啃边、脱皮、车辙、网裂、波浪与搓板、平整度差、横坡不适、纵向裂缝等病害；弹石路面包括路拱不适、跳石、损边、缝隙失养、嵌缝砂缺等病害；砂石路面包括路拱不适等病害发现1处扣0.1分，每50m此类病害累计达10处（或10处以上），则扣1分，依此类推。

当水泥混凝土路面出现接缝养护质量差病害时，每2道缝扣0.1分，且最高扣分为8分；沥青路面出现横向裂缝时，每5道缝扣0.1分，见表2。

路面外观扣分标准 表2

名称		扣分标准		最高扣分（分）
路面保洁		路面有杂物、积水，每100m扣0.5分	余类推	5
路面外观质量	水泥混凝土路面	裂缝、边角剥落、唧泥、露骨、平整度差、错台病害每1处扣0.1分，每50m累计病害最高扣1分；接缝养护质量差每2道缝扣0.1分	余类推	15（其中：接缝养护质量差，最高扣8分）
	沥青路面	泛油、啃边、脱皮、车辙、网裂、波浪与搓板、平整度差、横坡不适、纵向裂缝每发现1处扣0.1分，每50m累计病害最高扣1分	余类推	15
	弹石路面	路拱不适、跳石、损边、缝隙失养、嵌缝砂缺病害每1处扣0.1分，每50m累计病害最高扣1分	余类推	15
	砂石路面	路拱不适病害每1处扣0.1分，每50m累计病害最高扣1分	余类推	15

4.1.1.2 路面病害扣分（30分）。

（1）水泥混凝土路面主要病害为：沉陷、拱起、严重破碎板、坑洞、板角断裂。

（2）沥青路面主要病害为：坑槽、翻浆、沉陷、拥包、松散、龟裂。

（3）弹石路面主要病害为：坑槽、沉陷、块体破损、翻浆、拥包。

（4）砂石路面主要病害为：沉陷、波浪搓板、车辙、坑槽、露骨。

路面病害以面积计算的，每一处数量应沿病害待修补边缘丈量，以长乘宽求出面积，并按实际量测的各类病害面积分别乘以其相应的权重系数（见表3）得折算面积，然后按折算面积之和占实际公路理论面积的百分比即病害含量 Y 扣分。扣分标准见表4所示。

$$\text{病害含量}\,Y = \frac{\text{病害折算面积之和}(\mathrm{m}^2)}{\text{实际路面理论面积}(\mathrm{m}^2)} = \frac{\sum F_i K_i}{F_n} \times 100\%$$

式中：F_i——实际量测的各类病害面积（m^2）；

F_n——实际路面理论面积，即路面设计宽度乘以实际长度（m^2）；

K_i——与各类病害相对应的换算系数，见表3。

路面病害权重系数 K 值　　表3

沥青路面		水泥混凝土路面		弹石路面		砂石路面	
病害名称	系数	病害名称	系数	病害名称	系数	病害名称	系数
坑槽	3	沉陷	3	坑槽	3	沉陷	2
翻浆	3	拱起	3	沉陷	3	波浪搓板	2
沉陷	2	严重破碎板	2	损边	2	车辙	1
拥包	1.5	坑洞	1	块体破损	1	坑槽	2
松散	1	板角断裂	2	翻浆	2	露骨	2
龟裂	1			拥包	2		

路面病害扣分标准　　表4

项目＼内容	沥青路面	水泥混凝土路面	弹石路面	砂石路面	扣分标准（分）
	坑槽、翻浆、沉陷、拥包、松散、龟裂	沉陷、拱起、板角断裂、严重破碎板、坑洞	坑槽、沉陷、块体破损、翻浆、拥包	沉陷、波浪搓板、车辙、坑槽、露骨	
病害含量（%）	$Y \leqslant 0.1$	$Y \leqslant 0.2$	$Y \leqslant 0.2$	$Y \leqslant 0.3$	1
	Y每超0.1	Y每超0.2	Y每超0.2	Y每超0.2	加扣1
	余类推	余类推	余类推	余类推	加扣1
最高扣分	30	30	30	30	

4.1.2　路基构造物：满分20分。同一路段路基两侧同时存在病害时，应分别记录并按两侧病害数量累计扣分。扣分标准见表5。

4.1.2.1　路肩（12分）：路肩不清洁、不整齐，按每50m（含50m以下）扣1分，依此类推；

4.1.2.2　边坡（6分）：边坡坍塌、边坡种植有2处扣1分，若种植连片每100m扣1分，依此类推；

4.1.2.3　构造物损坏（2分）：存在水沟淤塞、构造物损坏等现象，每发现2处扣1分。

路基构造物扣分标准　　表5

项目＼内容	路肩不清洁、不整齐	边坡存在、边坡种植	水沟淤塞、构造物损坏
扣分标准	每50m扣1分	坍塌2处扣1分，种植连片每100m扣1分	2处扣1分
	余类推	余类推	余类推
最高扣分（分）	12	6	2

4.1.3 桥涵：满分20分。存在病害时扣分标准见表6。

4.1.3.1 桥面不清洁、排水不良（4分）：桥面不清洁每2处扣1分，桥涵有1处排水不良扣1分，依此类推。

4.1.3.2 构部件破损情况（10分）：构件损坏1处扣1分，桥梁伸缩缝每损坏1条扣2分，依此类推。

4.1.3.3 桥头（涵顶）跳车现象（6分）：有1处跳车扣1分，依此类推。

桥涵扣分标准　　表6

内容 项目	桥面不清洁、排水不良	构部件破损	桥头（涵顶）跳车
扣分标准	2处不清洁扣1分，1处排水不良扣1分	构件损坏1处扣1分，伸缩缝每损坏1条扣2分	1处跳车扣1分
	余类推	余类推	余类推
最高扣分（分）	4	10	6

4.1.4 绿化：满分5分。扣分标准见表7。

4.1.4.1 绿化无空白路段（2分）：宜植林路段有连续20～50m空白处扣0.5分，每增50m加扣0.5分。

4.1.4.2 绿化护管不善（3分）：对现有的绿化护管不善，每50m扣0.5分，依此类推。

绿化扣分标准　　表7

项　目	绿化有空白路段	绿化护管不善
扣分标准	宜植林路段连续20～50m空白处扣0.5分	每50m扣0.5分
	每增50m加扣0.5分，余类推	余类推
最高扣分（分）	2	3

4.1.5　沿线设施

满分5分。扣分标准见表8。

4.1.5.1　安全标志和里程碑缺损（3分）：每缺损2处（或根）扣0.5分，依此类推。

4.1.5.2　安全设施损坏（2分）：每损坏2处扣0.5分。

沿线设施扣分标准　　表8

项目＼内容	安全标志和里程碑缺损	安全设施损坏
扣分标准	每缺损2处（或根）扣0.5分	每损坏2处扣0.5分
	余类推	余类推
最高扣分（分）	3	2

4.2　病害扣分的一般规定

4.2.1　养护质量检查评定中，在每一检查部分里（路面、路基构造物、桥涵、绿化和沿线设施五部分），发现同一处有两种以上病害时，以最严重的一种病害数量扣分。

4.2.2　对非整公里路段，除依据病害含量扣分的部分路面病害仍按实有病害含量扣分外，其他病害可先按路段实际长度累计病害数量，然后用折算系数φ [$\varphi=1/$实际长度（保留2位小数）] 乘以各种病害累计数得该路段各种病害换算数（保留整数），并以此扣分评定该路段养护质量等级。

5　公路养护质量检查规定

5.1　农村公路养护质量检查频率

养护质量的检查定于乡（镇）公路管理机构每季进行一次；县（市、区）级交通主管部门、市级交通主管部门、省级公路管理部门按照《云南省农村公路养护管理办法》中第十一章的规定进行检查评定。

5.2　农村公路养护质量检查相关规定

5.2.1　公路路面为不同路面形式的，应将各自所占面积按相应标准检查计分，然后汇总各部分扣分作为该公里路面扣分。

5.2.2　养护质量检查中，已统计在养护里程内的桥梁，当其长度不超过公里碑时，该公里碑内养护质量按桥梁实得分和其两端道路的其他项目实得分之和评定，当桥梁长度超过公里碑时，该公里养护质量按桥梁项目实得分与其他项目满分之和评定。公路桥梁除分别按桥梁项目检查外，其行车道部分还应按路面进行检查。

5.2.3　在1km范围内，如设计上没有路肩、排水沟、构造物、桥涵或属于不宜植树地区而形成缺项以及桥涵路段其他项目缺项时，该缺项项目可按满分计列。

5.2.4　当公路因洪水、泥石流、飓风等自然灾害而遭到损毁时，为反映真实情况，应如实按办法评定等级，并予以注明。由于施工而开辟的便桥、便道及利用原路进行改建、改善、大修的路段，施工期间原路可暂不评定，但上报路况时需说明。

5.2.5　为编制养路作业计划的需要，检查时应按公里碑记录病害数量，然后进行累计。算出各项分数及总分数，据以评定每公里的养护质量等级，然后分路线汇总优、良、中、次、差里程及“优良路率”逐级上报。为避免不同时期“优良路率”波动影响，统一以第四季度优良路率作为全年优良路率代表，但各级交通主管部门可以对乡镇季度“优良路率”和年平均“优良路率”进行考核。检查记录及汇总表式见附件B。

附件 A　公路病害、缺陷定义和判别

A.1　沥青路面

A.1.1　坑槽：路面破坏成坑洼深度大于 2cm，面积在 0.04m^2 以上。如小面积坑槽较多又相距很近（20cm 以内），应合在一起丈量。

A.1.2　翻浆：路面、路基湿软出现弹簧、破裂、冒泥浆现象。

A.1.3　沉陷：路面、路基有竖向变形，路面下凹，深度 3cm 以上。

A.1.4　拥包：路面局部隆起，高度 1.5cm 以上。

A.1.5　松散：路面结合料失去黏结力、集料松动，面积 0.1m^2 以上。

A.1.6　龟裂：缝宽 3mm 以上，且多数缝距 10cm 以内，面积在 1m^2 以上的块状不规则裂缝。

A.1.7　网裂：缝宽 1mm 以上或缝距 40cm 以下，面积在 1m^2 以上的网状裂缝。路面上出现的长度 1m 以上、缝宽 1mm 以上的单条裂缝也计入其中。

A.1.8　泛油：高温季节沥青被挤出，表面形成薄油层，行车出现轮迹。

A.1.9　车辙：路面上沿行车轮迹产生的纵向带状凹槽，深度 1.5cm 以上。

A.1.10　脱皮：路面面层层状脱落，面积在 0.1m^2 以上。

A.1.11　啃边：路面边缘破碎脱落，宽度在 10cm 以上。

A.1.12　波浪与搓板：路面纵向产生连续起伏，有似搓板状峰谷高差大于 1.5cm 的变形。

A.1.13　横坡不适：路面横坡小于 1% 或大于 3%，或中线偏移，以及应设超高而无超高或出现反超高的。

A. 1. 14　平整度差：用3m直尺沿路面纵向每100m至少量三尺。尺底间隙在1cm以上的，且同一横断面内只量最严重的一处。

A. 2　水泥混凝土路面

A. 2. 1　沉陷：路面连续数块板下沉，低于相邻路面板平面（或设计高程）的，深度在3cm以上的，按全部下沉板块数量计算面积。

A. 2. 2　拱起：纵向相邻两块板或多块板相对其邻近面板向上突起在3cm以上的，按突出的全部板块计病害面积。

A. 2. 3　严重破碎板：裂缝将整块面板分割成三块以上，并有严重剥落或沉陷。碎裂面积小于半块按半块计面积，大于半块按一块计面积。

A. 2. 4　坑洞：路面板粗集料脱落形成局部凹坑，面积在$0.01m^2$以上。

A. 2. 5　板角断裂：裂缝与纵横缝相交将板角切断，当其二个交点距角隅均在15cm以上，小于边长一半并伴有沉陷或碎裂时，按板角断裂部分计算面积。

A. 2. 6　接缝、裂缝养护质量差：接缝内无填缝料，或出现填缝料与板边脱离、凹陷（凸出）在1cm以上的；出现严重裂缝未采取灌缝措施。

A. 2. 7　平整度差：用3m直尺沿路面纵向每100m至少量三尺，尺底空隙在8mm以上的，按整尺（3m）长度计算病害。

A. 2. 8　错台：接缝处相邻两块板垂直高度差在8mm以上。

A. 2. 9　唧泥：基层材料形成泥浆从接缝处或板边缘挤出，板底出现脱空。

A. 2. 10　裂缝：面板内长度 1m 以上的各种开裂。按其对行车的影响程度分为轻微、中等、严重裂缝三种。轻微裂缝缝宽小于 2mm，无剥落；中等裂缝缝宽在 2～5mm 之间，并有轻度剥落；严重裂缝缝宽大于 5mm，并有严重剥落和沉陷。接缝边有长 0. 5m，宽度 5cm 以上剥落时，也作为严重裂缝计算。

A. 2. 11　露骨：路面板表面细集料散失、粗集料暴露，面积在 $1m^2$ 以上的。

A. 3　弹石路面

A. 3. 1　坑槽：局部弹石被压裂、破碎、弹石丢失，露出砂垫层，坑深大于 30mm，直径在 0. 2m 以上者，按面积扣分。如小面积坑槽多且又相近时，应合在一起丈量。

A. 3. 2　沉陷：弹石路面局部低于正常路面，高差大于 30mm 以上的。按面积计算。

A. 3. 3　缝隙失养、嵌缝砂缺乏：填缝料散失，缝隙深度超过 1cm 的地方。按照面积计算。

A. 3. 4　损边：路面边缘的损坏，边石也随之歪倒或破坏，按照长度 ×0. 3m 计算计量。

A. 3. 5　路拱不适：路拱过大或过小，中线偏侧，应有超高处而无超高者或出现反超高。

A. 3. 6　车辙：路面纵向轮迹处产生低于正常路面的长条形凹槽，深度在 30mm 以上，

A. 3. 7　块体破损：弹石断裂、掉角、破碎等现象。按存在损坏的面积计量。

A. 3. 8　跳石：个别弹石在车轮作用下跳出路面的现象。按照面积计量。

A. 3. 9　翻浆：弹石路由于排水不畅，被车轮挤压后形成泥

浆冒出路面。按照面积计量。

A. 3. 10　拥包：路面出现高于周围正常弹石的隆起部分。高差在 10mm 以上。按面积计算。

A. 4　砂石路面

A. 4. 1　路拱不适：路拱过大或过小。过大将降低行车安全性，过小将使路面雨水不能及时排出。路拱不适根据经验确定，按长度 ×0. 3m 计算计量。

A. 4. 2　沉陷：路面表面的局部凹陷，按面积计算。

A. 4. 3　波浪搓板：峰谷高差大于 30mm 的搓板状纵向连续起伏，按面积计算。

A. 4. 4　车辙：轮迹处深度大于 30mm 的纵向带状凹槽（辙槽），按长度 ×0. 4m 计算计量。

A. 4. 5　坑槽：路面上深度大于 30mm、直径大于 0. 1m 的坑洞，按面积计算。

A. 4. 6　露骨：黏结料和细集料散失，主骨料外露，按面积计算。

A. 5　路基

A. 5. 1　路肩不清洁、不整齐：路肩上有杂物、垃圾、堆积物及 15cm 以上的高草；路肩与路面衔接不平顺，低于路面 2cm 以上（黑色硬化路肩低于 1cm）或高于路面，影响横向排水者。

A. 5. 2　边坡种植：边坡种植粮食、蔬菜等经济作物。

A. 5. 3　水沟淤塞：边沟、截水沟、排水沟有淤积影响排水者，以及应有边沟路段而无边沟者。

A. 5. 4　边坡坍塌：挖方边坡坍方 $3m^3$ 以上，填方边坡有冲沟、缺口宽 30cm 以上；边坡坡度陡于设计坡度。

A. 5. 5　构造物损坏：挡墙等圬工体断裂、沉陷、倾斜、局部塌陷、松动，较大面积勾缝脱落者。

A. 6　桥涵

A. 6. 1　桥涵排水不良：桥面不整洁、泄水孔堵塞，影响桥面排水；涵洞（管）淤塞超过孔径 1/4 者。

A. 6. 2　构部件破损：人行道、栏杆、帽石、锥坡、端墙、墩台有缺件、断裂、破损及露筋等；伸缩缝、支座被杂物卡住或出现松动、锈蚀、老化现象。

A. 6. 3　桥头（涵顶）跳车：桥梁、过水路面衔接处不平及涵洞顶纵坡不适；桥梁伸缩缝养护不良，引起行车颠簸者，严重跳车一次记病害一处。

A. 7　沿线设施

A. 7. 1　安全标志和里程碑缺损：各种交通安全标志和里程碑残缺、位置不当、式样尺寸颜色不规范、不鲜明。

A. 7. 2　安全设施损坏：护栏、隔离栅、隔离墩等安全设施有残缺者。

A. 8　绿化

A. 8. 1　空白路段：宜绿化路段一侧连续未绿化长度 20m 以上者。

A. 8. 2　护管不善：路树、花草修剪不整齐或修剪过度，抚育不良；病虫害未及时防治；路树影响行车视线。

附件 B

沥青路面养护质量检查记录表　　　　表 B. 0. 1

路线名称：______路线编码：______调查面积：______m^2 养护单位：

项目（分）	病害名称（分）		单位	桩号：	合计	系数	折算面积	总计（%）	扣分
路面 50	主要病害 30	坑槽	m^2			3			
		翻浆				3			
		沉陷				2			
		拥包				1.5			
		松散				1			
		龟裂				1			
	路面保洁 5		m			—	—	—	
	路面外观质量 15 横向裂缝		处			— 0.2	—	—	
路基构造物 20	路肩 12		m			—	—	—	
	边坡 6		处			—	—	—	
	构造物损坏 2		处			—	—	—	
桥涵 20	桥面清洁 4		处			—	—	—	
	桥涵排水及构部件破损情况 10		处			—	—	—	
	桥头、涵顶跳车 6		处			—	—	—	
绿化 5	空白路段 2		m			—	—	—	
	护管不善 3		m			—	—	—	
沿线设施 5	安全标志和里程碑缺损 3		处			—	—	—	
	安全设施损坏 2		处			—	—	—	
质量分数及评定等级				合计扣分	合计分数		评定等级		

检查日期：________　　　　　　　　负责人：________

水泥混凝土路面养护质量检查记录表 表 B. 0. 2

路线名称：______路线编码：______调查面积：______m^2 养护单位：

项目（分）	病害名称（分）		单位	桩号：	合计	系数	折算面积	总计（%）	扣分
路面50	主要病害30	沉陷	m^2			3			
		拱起				3			
		严重破碎板				2			
		坑洞				1			
		板角断裂				1			
	路面保洁 5		m			—	—	—	
	路面外观质量 15		处			—	—	—	
	接缝养护质量差（8）					0. 5			
路基构造物 20	路肩 12		m			—	—	—	
	边坡 6		处			—	—	—	
	构造物损坏 2		处			—	—	—	
桥涵 20	桥面清洁 4		处			—	—	—	
	桥涵排水及构部件破损情况 10		处			—	—	—	
	桥头、涵顶跳车 6		处			—	—	—	
绿化 5	空白路段 2		m			—	—	—	
	护管不善 3		m			—	—	—	
沿线设施 5	安全标志和里程碑缺损 3		处			—	—	—	
	安全设施损坏 2		处			—	—	—	

质量分数及评定等级	合计扣分	合计分数	评定等级

检查日期：________ 负责人：________

弹石路面养护质量检查记录表　　　　表 B.0.3

路线名称：______路线编码：______调查面积：______m^2 养护单位：

项目（分）	病害名称（分）		单位	桩号：	合计	系数	折算面积	总计（%）	扣分
路面50	主要病害30	坑槽	m^2			3			
		沉陷				3			
		块体破损				1			
		翻浆				1			
		拥包				2			
	路面保洁5		m			—	2	—	
	路面外观质量15		处			—	—	—	
路基构造物20	路肩12		m			—	—	—	
	边坡6		处			—	—	—	
	构造物损坏2		处			—	—	—	
桥涵20	桥面清洁4		处			—	—	—	
	桥涵排水及构部件破损情况10		处			—	—	—	
	桥头、涵顶跳车6		处			—	—	—	
绿化5	空白路段2		m			—	—	—	
	护管不善3		m			—	—	—	
沿线设施5	安全标志和里程碑缺损3		处			—	—	—	
	安全设施损坏2		处			—	—	—	
质量分数及评定等级				合计扣分	合计分数		评定等级		

检查日期：________　　　　　　　　负责人：________

砂石路面养护质量检查记录表 表 B. 0. 4

路线名称：______路线编码：______调查面积：______m^2 养护单位：

项目（分）	病害名称（分）	单位	桩号：	合计	系数	折算面积	总计（%）	扣分
	沉陷	m^2			3			
	波浪搓板				2			
	车辙				1			
	坑槽				2			
	露骨				2			
	路面保洁 5	m			—	—	—	
	路面外观质量 15	处			—	—	—	
路基构造物 20	路肩 12	m			—	—	—	
	边坡 6	处			—	—	—	
	构造物损坏 2	处			—	—	—	
桥涵 20	桥面清洁 4	处			—	—	—	
	桥涵排水及构部件破损情况 10	处			—	—	—	
	桥头、涵顶跳车 6	处			—	—	—	
绿化 5	空白路段 2	m			—	—	—	
	护管不善 3	m			—	—	—	
沿线设施 5	安全标志和里程碑缺损 3	处			—	—	—	
	安全设施损坏 2	处			—	—	—	
质量分数及评定等级			合计扣分	合计分数		评定等级		

检查日期：________ 负责人：________

注：为方便整条线路的养护检查，路面养护质量检查记录表印刷时桩号至扣分 6 列可在表右边反复印刷，一般一表印制 4 ~ 5km。

公路养护质量报表　　表 B.0.5

养护单位：________　　______年______月______日

项目	养护里程（km）	实际评定的养护里程（km）						优良路率（%）
		合计	优等	良等	中等	次等	差等	
一、县道								
二、乡道								
三、村道								
四、专用公路								
综合评定								

附录J 云南省农村公路技术状况评定实施办法（实行）

1 总 则

1.0.1 为了加强我省农村公路养护管理工作，科学合理评定农村公路技术状况和服务水平，根据交通部《公路技术状况评定标准》（JTG H20—2007）（以下简称《标准》）、《公路沥青路面养护技术规范》（JTG 073.2—2001）、《公路水泥混凝土路面养护技术规范》（JTG 073.1—2001）、《公路桥涵养护规范》（JTG H11—2004）、《公路隧道养护技术规范》（JTG H12—2003），结合我省实际，特制定本实施办法。

1.0.2 本办法适用于云南省农村公路三级及以下等级的公路，等外公路可参照执行。二级及以上农村公路执行部颁《标准》。

1.0.3 农村公路技术状况评定除本办法规定之外，严格执行部颁《标准》。

2 技术状况评定标准

2.0.1 农村公路技术状况用公路技术状况指数 MQI 和相应分项指标表示，值域为 0 ~ 100。

2.0.2　公路技术状况分为优、良、中、次、差五个等级，根据检查评定结果按下表规定的标准确定等级。

评价等级	优	良	中	次	差
MQI 及分项指标	≥90	≥80，<90	≥70，<80	≥60，<70	<60

3　公路损坏类型

农村公路技术状况包含路面、路基、桥隧构造物和沿线设施四部分评价内容，其中路面包括沥青路面、水泥混凝土路面、弹石路面和砂石路面。

3.1　沥青路面

沥青路面损坏分 11 类 21 项，分别是龟裂、块状裂缝、纵向裂缝、横向裂缝、坑槽、松散、沉陷、车辙、波浪拥包、泛油、修补，具体定义及划分标准如下：

3.1.1　龟裂

轻：初期裂缝，裂区无变形、无散落，缝细，主要裂缝宽度在 2mm 以下，主要裂缝块度在 0.2 ~ 0.5m 之间，损坏按面积计算。

中：龟裂的发展期，龟裂状态明显，裂缝区有轻度散落或轻度变形，主要裂缝宽度在 2 ~ 5mm 之间，部分裂缝块度小于 0.2m，损坏按面积计算。

重：龟裂特征显著，裂块较小，裂缝区变形明显、散落严重，主要裂缝宽度大于 5mm，大部分裂缝块度小于 0.2m，损坏按面积计算。

3.1.2 块状裂缝

轻：缝细、裂缝区无散落，裂缝宽度在3mm以内，大部分裂缝块度大于1m，损坏按面积计算。

重：缝宽、裂缝区有散落，裂缝宽度在3mm以上，主要裂缝块度在0.5～1.0m之间，损坏按面积计算。

3.1.3 纵向裂缝

与行车方向基本平行的裂缝。

轻：缝细、裂缝壁无散落或有轻微散落，无支缝或有少量支缝，裂缝宽度在3mm以内，损坏按长度（m）计算，检测结果要用影响宽度（0.2m）换算成面积。

重：缝宽、裂缝壁有散落、有支缝，主要裂缝宽度大于3mm，损坏按长度（m）计算，检测结果要用影响宽度（0.2m）换算成面积。

3.1.4 横向裂缝

与行车方向基本垂直的裂缝。

轻：缝细、裂缝壁无散落或有轻微散落，裂缝宽度在3mm以内，损坏按长度（m）计算，检测结果要用影响宽度（0.2m）换算成面积。

重：缝宽、裂缝贯通整个路面、裂缝壁有散落并伴有少量支缝，主要裂缝宽度大于3mm，损坏按长度（m）计算，检测结果要用影响宽度（0.2m）换算成面积。

3.1.5 坑槽

轻：坑浅，有效坑槽面积在0.1m^2以内（约0.3m×0.3m），损坏按面积计算。

重：坑深，有效坑槽面积大于0.1m^2以内（约0.3m×

0. 3m），损坏按面积计算。

3. 1. 6　松散

轻：路面细集料散失、胶皮、麻面等表面损坏，损坏按面积计算。

重：路面粗集料散失、胶皮、麻面、露骨，表面剥落、有小坑洞，损坏按面积计算。

3. 1. 7　沉陷

大于 10mm 的路面局部下沉。

轻：深度在 10 ~ 25mm 之间，正常行车无明显感觉，损坏按面积计算。

重：深度大于 25mm，正常行车有明显感觉，损坏按面积计算。

3. 1. 8　车辙

轮迹处深度大于 10mm 的纵向带状凹槽（辙槽）。

轻：辙槽浅，深度在 10 ~ 15mm 之间，损坏按长度计算，检测结果要用影响宽度（0. 4m）换算成面积。

重：辙槽深，深度在 15mm 以上，损坏按长度计算，检测结果要用影响宽度（0. 4m）换算成面积。

3. 1. 9　波浪拥包

轻：波峰波谷高差小，高差在 10 ~ 25mm 之间，损坏按面积计算。

重：波峰波谷高差大，高差大于 25mm，损坏按面积计算。

3. 1. 10　泛油

路面沥青被挤出或表面被沥青膜覆盖形成发亮的薄油层，损坏按面积计算。

3.1.11 修补

龟裂、坑槽、松散、沉陷、车辙等的修补面积或修补影响面积（裂缝修补按长度计算，影响宽度为0.2m）。

3.2 水泥混凝土路面

水泥混凝土路面损坏分11类20项，分别是破碎板、裂缝、板角断裂、错台、唧泥、边角剥落、接缝料损坏、坑洞、拱起、露骨、修补，具体定义及划分标准如下：

3.2.1 破碎板

轻：板块被裂缝分为3块以上，破碎板未发生松动和沉陷，损坏按板块面积计算。

重：板块被裂缝分为3块以上，破碎板有松动、沉陷和唧泥等现象，损坏按板块面积计算。

3.2.2 裂缝

板块上只有一条裂缝，裂缝类型包括横向、纵向和不规则的斜裂缝等。

轻：裂缝窄、裂缝处未剥落，缝宽小于3mm，一般为未贯通裂缝，损坏按长度计算，检测结果要用影响宽度（1.0m）换算成面积。

中：边缘有碎裂，裂缝宽度在3~10mm之间，损坏按长度计算，检测结果要用影响宽度（1.0m）换算成面积。

重：缝宽、边缘有碎裂并伴有错台现象出现，缝宽大于10mm，损坏按长度计算，检测结果要用影响宽度（1.0m）换算成面积。

3.2.3 板角断裂

裂缝与纵横接缝相交，且交点距板角小于或等于板边长度一半的损坏。

轻：裂缝宽度小于3mm，损坏按断裂板角的面积计算。

中：裂缝宽度在3～10mm之间，损坏按断裂板角的面积计算。

重：裂缝宽度大于10mm，断角有松动，损坏按断裂板角的面积计算。

3.2.4　错台

接缝两边出现的高差大于5mm的损坏。

轻：高差小于10mm，损坏按长度计算，检测结果要用影响宽度（1.0m）换算成面积。

重：高差10mm以上，损坏按长度计算，检测结果要用影响宽度（1.0m）换算成面积。

3.2.5　唧泥

板块在车辆驶过后，接缝处有基层泥浆涌出，损坏按长度计算，检测结果要用影响宽度（1.0m）换算成面积。

3.2.6　边角剥落

沿接缝方向的板边碎裂和脱落，裂缝面与板面成一定角度。

轻：浅层剥落，损坏按长度计算，检测结果要用影响宽度（1.0m）换算成面积。

中：中层剥落，接缝附近水泥混凝土有开裂，损坏按长度计算，检测结果要用影响宽度（1.0m）换算成面积。

重：深层剥落，接缝附近水泥混凝土多处开裂，深度超过按缝槽底部，损坏按长度计算，检测结果要用影响宽度（1.0m）换算成面积。

3.2.7　接缝料损坏

由于接缝的填缝料老化、剥落等原因，接缝内已无填料，接缝被砂、石、土等填塞。

轻：填料老化，不密水，但尚未剥落脱空，未被砂、石、泥土等填塞，损坏按长度计算，检测结果要用影响宽度（1.0m）换算成面积。

重：三分之一以上接缝出现空缝或被砂、石、泥土等填塞，损坏按长度计算，检测结果要用影响宽度（1.0m）换算成面积。

3.2.8 坑洞

板面出现有效直径大于30mm、深度大于10mm的局部坑洞，损坏按坑洞或坑洞群所涉及的面积计算。

3.2.9 拱起

横缝两侧的板体发生明显抬高，高度大于10mm，损坏按拱起所涉及的板块面积计算。

3.2.10 露骨

板块表面细集料散失、粗集料暴露或表层松疏剥落，损坏按面积计算。

3.2.11 修补

裂缝、板角断裂、边角剥落、坑洞和层状剥落的修补面积或修补影响面积（裂缝修补按长度计算，影响宽度为0.2m）。

3.3 弹石路面

弹石路面损坏分为10类。分别为坑槽、沉陷、车辙、裂缝失养、路拱不适、损边、块体破损、跳石、翻浆、拥包。具体定义如下：

3.3.1 坑槽

局部弹石被压裂、破碎、弹石丢失，露出砂垫层，坑深大于

30mm，直径在0.2m以上者，按面积扣分。如小面积坑槽多且又相近时，应合在一起丈量。

3.3.2　沉陷

弹石路面局部低于正常路面，高差大于30mm以上的。按面积计算。

3.3.3　车辙

路面纵向轮迹处产生低于正常路面的长条形凹槽，深度在30mm以上，按长度计算，检测结果乘以0.4m的影响宽度。

3.3.4　缝隙失养、嵌缝砂缺乏

填缝料散失，缝隙深度超过1cm的地方。按照面积计算。

3.3.5　路拱不适

路拱过大或过小，中线偏侧，应有超高处而无超高者或出现反超高。沿行车方向按长度计量，换算为损坏面积时乘以3.0m的影响宽度。

3.3.6　损边

路面边缘的损坏，边石也随之歪倒或破坏，按照长度计算，乘以0.3m的影响宽度。

3.3.7　块体破损

弹石断裂、掉角、破碎等现象。按存在损坏的面积计量。

3.3.8　跳石

个别弹石在车轮作用下跳出路面的现象。按照面积计量。

3.3.9　翻浆

弹石路由于排水不畅，被车轮挤压后形成泥浆冒出路面。按照面积计量。

3.3.10 拥包

路面出现高于周围正常弹石的隆起部分。高差在 10mm 以上。按面积计算。

3.4 砂石路面

砂石路面损坏分 6 类，分别是路拱不适、沉陷、波浪搓板、车辙、坑槽、露骨，具体定义如下：

3.4.1 路拱不适

路拱过大或过小。过大将降低行车安全性，过小将使路面雨水不能及时排出。路拱不适根据经验确定，按长度计算，检测结果要用影响宽度（3.0m）换算成面积。

3.4.2 沉陷

路面表面的局部凹陷，按面积计算。

3.4.3 波浪搓板

峰谷高差大于 30mm 的搓板状纵向连续起伏，按面积计算。

3.4.4 车辙

轮迹处深度大于 30mm 的纵向带状凹槽（辙槽），按长度计算，检测结果要用影响宽度（0.4m）换算成面积。

3.4.5 坑槽

路面上深度大于 30mm、直径大于 0.1m 的坑洞，按面积计算。

3.4.6 露骨

黏结料和细集料散失，主骨料外露，按面积计算。

3.5 土路面（无路面）

土路面损坏分 5 类，分别是路拱不适、沉陷、波浪搓板、车辙、坑槽，具体定义如下：

3.5.1 路拱不适

路拱过大或过小。过大将降低行车安全性，过小将使路面雨水不能及时排出。路拱不适根据经验确定，按长度计算，检测结果要用影响宽度（3.0m）换算成面积。

3.5.2 沉陷

路面表面的局部凹陷，按面积计算。

3.5.3 波浪搓板

峰谷高差大于40mm的搓板状纵向连续起伏，按面积计算。

3.5.4 车辙

轮迹处深度大于50mm的纵向带状凹槽（辙槽），按长度计算，检测结果要用影响宽度（0.4m）换算成面积。

3.5.5 坑槽

路面上深度大于30mm、直径大于0.1m的坑洞，按面积计算。

3.6 路基

路基损坏分为8类，分别是路肩边沟不洁、路肩损坏、边坡坍塌、水毁冲沟、路基构造物损坏、路缘石缺损、路基沉降、排水系统淤塞，具体定义及评分标准如下：

3.6.1 路肩边沟不洁

路肩（包含土路肩、硬路肩）和边沟（包含边坡）有杂物、油渍、垃圾及堆积物。按行车方向的长度计算，每1m扣0.5分。

3.6.2 路肩损坏

路肩上出现的各种损坏。沥青路面的损坏类型见表4.2.1-2；水泥混凝土路面的损坏类型见表4.2.1-3；弹石路面的损坏类型见表4.2.1-4中的翻浆、沉陷、拥包；砂石路面的损坏类型见表4.2.1-5中的沉陷、坑槽、露骨。

轻：路肩轻度损坏包括表4.2.1-2和表4.2.1-3规定的所有轻、中度损坏，弹石路面和砂石路面的路肩损坏均按轻度处理。所有损坏均按损坏的实际面积计算，每$1m^2$扣1分，累计面积不足$1m^2$的按$1m^2$计算。

重：路肩重度损坏包括表4.2.1-2和表4.2.1-3规定的所有重度损坏。所有重度损坏均按损坏的实际面积计算，每$1m^2$扣2分，累计面积不足$1m^2$的按$1m^2$计算。

3.6.3 边坡坍塌

挖方路段边坡坍塌。损坏按处和行车方向的长度（m）计算。长度小于或等于5m为轻度损坏，5～10m之间为中度损坏，大于10m为重度损坏。

3.6.4 水毁冲沟

填方路段边坡由于雨水冲刷形成的冲沟。损坏按处和冲刷深度计算。深度小于或等于0.2m为轻度损坏，0.2～0.5m之间为中度损坏，大于0.5m为重度损坏。

3.6.5 路基构造物损坏

包括挡墙等圬工砌体的断裂、沉陷、倾斜、局部坍塌、松动和较大面积勾缝脱落。损坏按处和长度（m）计算。长度小于或等于5m为轻度损坏，5～10m之间为中度损坏，大于10m为重度损坏。

3.6.6　路缘石缺损

路缘石丢失或损坏。按行车方向上的长度计算，每 1m 扣 4 分。

3.6.7　路基沉降

深度大于 30mm 的沉降。损坏按处和长度计算。长度小于 5m 为轻度损坏，5～10m 之间为中度损坏，大于 10m 为重度损坏。

3.6.8　排水系统淤塞

轻：边沟、排水沟、截水沟等排水系统淤积。按长度计算，每 1m 扣 1 分，累计长度不足 1m 的按 1m 计算。

重：边沟、排水沟和截水沟等排水系统全截面堵塞，损坏按处计算，每处扣 20 分。

3.7　桥隧构造物

桥隧构造物包括桥梁、隧道和涵洞三类，具体等级评定方法及评分标准如下：

3.7.1　桥梁技术等级

桥梁技术等级采用《公路桥涵养护规范》（JTG H11—2004）规定的等级评定方法。规定一、二类桥梁不扣分，三类桥梁每处扣 40 分，四类桥梁每处扣 70，五类桥梁每处扣 100 分、同时直接将 MQI 值设为最低值。

3.7.2　隧道技术等级

隧道技术等级采用《公路隧道养护技术规范》（JTG H12—2003）规定的等级评定方法。规定 S 类隧道（无异常）不扣分，B 类隧道（有异常）每处扣 50 分，A 类隧道（有危险）每处扣

100 分、同时直接将 MQI 设为最低值。

3.7.3 涵洞技术等级

涵洞技术等级采用《公路桥涵养护规范》（JTG H11—2004）规定的等级评定方法。规定好、较好类涵洞不扣分，较差类的涵洞每处扣 40 分，差类涵洞每处扣 70 分，危险类涵洞每处扣 100 分、同时直接将 MQI 值设为最低值。

3.8 沿线设施

沿线设施损坏分 4 类，分别是防护设施缺损、标志缺损、标线缺损、绿化管护不善，具体定义及评分标准如下：

3.8.1 防护设施缺损

防护设施（防撞护栏、防撞墙、护栏墩）缺少、损坏或损坏修复后部件尺寸和安装质量达不到相关规范的技术要求，损坏按处和长度（m）计算。

轻：长度小于或等于 4m，每缺损一处扣 10 分。

重：长度大于 4m，每缺损一处扣 30 分。

3.8.2 标志缺损

各种交通标志（指示标志、警告标志、禁令标志、里程碑、百米桩等）残缺、应设而未设的、位置不当或尺寸不规范、颜色不鲜明、污染等。损坏按处计算，每处扣 20 分。

县道（沥青、水泥路）要求有百米桩，其余不作要求。

3.8.3 标线缺损（不作要求）

3.8.4 绿化管护不善

树木、花草枯萎或缺树，行道树刷石灰浆质量差，虫害未及时防治，绿化未及时修剪或有杂物，路段应绿化而未绿化。损坏按长度（m）计算，每 10m 扣 1 分，累计长度不足 10m 按 10m 计算。

具备条件的公路要求有绿化，其他不做要求。

4 公路技术状况评定方法

4.1 评定要求

技术状况评定以 1 000m 为基本评定单元。

4.2 公路技术状况指数 MQI 按下式确定

$$MQI = wPQI + wSCI + wBCI + wTCI$$

式中：wPQI——PQI 在 MQI 中的权重，取值为 0.70；

wSCI——SCI 在 MQI 中的权重，取值为 0.08；

wBCI——BCI 在 MQI 中的权重，取值为 0.12；

wTCI——TCI 在 MQI 中的权重，取值为 0.10。

4.2.1 路面使用性能（PQI）

沥青路面使用性能评价包含路面损坏、平整度两项技术内容。

水泥混凝土路面使用性能评价包含路面损坏、平整度两项技术内容。

弹石路面使用性能评价包含路面损坏、平整度两项技术内容。

砂石路面使用性能评价只包含路面损坏一项技术内容。

路面使用性能指数（PQI）按下式计算：

$$PQI = wPCI + wRQI$$

式中：wPCI——PCI 在 PQI 中的权重，按表 4.2.1-1 取值；

wRQI——RQI 在 PQI 中的权重，按表 4.2.1-1 取值。

PQI 分项指标权重取值 表 4. 2. 1-1

路 面 类 型	权 重 名 称	权 重 值
沥青路面	wPCI	0. 6
	wRQI	0. 4
水泥混凝土路面	wPCI	0. 6
	wRQI	0. 4
弹石路面	wPCI	0. 7
	wRQI	0. 3
砂石路面	wPCI	1. 0

1）路面损坏（PCI）

路面损坏用路面损坏状况指数（PCI）评价，按下式计算：

$$PCI = 100 - a_0 DR^{a_1}$$

$$DR = 100 \times \frac{\sum_{i=1}^{i_0} w_i A_i}{A}$$

式中：DR——路面破损率，为各种损坏的折合损坏面积之和与路面调查面积之百分比（%）；

A_i——第 i 类路面损坏的面积（m^2）；

A——调查的路面面积（调查长度与有效路面宽度之积，m^2）；

w_i——第 i 类路面损坏的权重，沥青路面按表 4. 2. 1-2 取值，水泥混凝土路面按表 4. 2. 1-3 取值，弹石路面按表 4. 2. 1-4 取值，砂石路面按表 4. 2. 1-5 取值；

a_0——沥青路面采用 15，水泥混凝土路面采用 10. 66，弹石路面、砂石路面采用 10. 1；

a_1——沥青路面采用 0. 412，水泥混凝土路面采用 0. 461，弹石路面、砂石路面采用 0. 487。

沥青路面损坏类型和权重 表 4.2.1-2

类型（i）	损坏名称	损坏程度	权重（w_i）	计量单位
1	龟裂	轻	0.6	面积 m^2
2		中	0.8	
3		重	1.0	
4	块状裂缝	轻	0.6	面积 m^2
5		重	0.8	
6	纵向裂缝	轻	0.6	长度 m（影响宽度 0.2m）
7		重	1.0	
8	横向裂缝	轻	0.6	长度 m（影响宽度 0.2m）
9		重	1.0	
10	坑槽	轻	0.8	面积 m^2
11		重	1.0	
12	松散	轻	0.6	面积 m^2
13		重	1.0	
14	沉陷	轻	0.6	面积 m^2
15		重	1.0	
16	车辙	轻	0.6	长度 m（影响宽度 0.4m）
17		重	1.0	
18	波浪拥包	轻	0.6	面积 m^2
19		重	1.0	
20	泛油		0.2	面积 m^2
21	修补		0.1	面积 m^2

水泥混凝土路面损坏类型和权重　　表4.2.1-3

类型（i）	损坏名称	损坏程度	权重（w_i）	计量单位
1	破碎板	轻	0.8	面积 m^2
2		重	1.0	
3	裂缝	轻	0.6	长度 m（影响宽度 1m）
4		中	0.8	
5		重	1.0	
6	板角断裂	轻	0.6	面积 m^2
7		中	0.8	
8		重	1.0	
9	错台	轻	0.6	长度 m（影响宽度 1m）
10		重	1.0	
11	唧泥		1.0	长度 m（影响宽度 1m）
12	边角剥落	轻	0.6	长度 m（影响宽度 1m）
13		中	0.8	
14		重	1.0	
15	接缝料损坏	轻	0.4	长度 m（影响宽度 1m）
16		重	0.6	
17	坑洞		1.0	面积 m^2
18	拱起		1.0	面积 m^2
19	露骨		0.3	面积 m^2
20	修补		0.1	面积 m^2

弹石路面损坏类型和权重　　表 4. 2. 1-4

类　型	损 坏 名 称	权　重	计 量 单 位
1	坑槽	1. 0	面积 m^2
2	沉陷	0. 8	面积 m^2
3	车辙	1. 0	长度 m（影响宽度 0. 4m）
4	损边	0. 7	长度 m（影响宽度 0. 3m）
5	缝隙失养	0. 6	面积 m^2
6	路拱不适	0. 4	长度 m（影响宽度 3. 0m）
7	块体破损	1. 0	面积 m^2
8	跳石	0. 1	面积 m^2
9	翻浆	0. 8	面积 m^2
10	拥包	0. 8	面积 m^2

砂石路面损坏类型和权重　　表 4. 2. 1-5

类型（i）	损 坏 名 称	权重（w_i）	计 量 单 位
1	路拱不适	0. 1	长度 m（影响宽度 3m）
2	沉陷	0. 8	面积 m^2
3	波浪搓板	1	面积 m^2
4	车辙	1	长度 m（影响宽度 0. 4m）
5	坑槽	1	面积 m^2
6	露骨	0. 8	面积 m^2

砂石路面损坏类型和权重　　表 4. 2. 1-6

类型（i）	损 坏 名 称	权重（w_i）	计 量 单 位
1	路拱不适	0. 1	长度 m（影响宽度 3m）
2	沉陷	0. 8	面积 m^2
3	波浪搓板	1	面积 m^2
4	车辙	1	长度 m（影响宽度 0. 4m）
5	坑槽	1	面积 m^2

2）路面行驶质量 RQI（路面平整度）

路面平整度用路面行驶质量指数（RQI）评价，根据部颁《公路技术状况评定标准》（JTG H20—2007）的有关规定，路面平整度宜采用快速检测设备，条件不具备时可采用三米直尺人工检测，沿路面纵向每 100m，连续量三尺，读取每尺的最大间隙值即为平整度值，按照合格率直接得出 RQI 值。检测结果按表 4. 2. 1-7 评定。

路面平整度养护质量标准要求 表 4. 2. 1-7

路面类型		单位	允许偏差值（三米直尺）
沥青混凝土、碎石、贯入式路面		mm	≤10
沥青表面处治		mm	≤12
混凝土路面		mm	≤8
弹石路面	不整齐、半整齐弹石	mm	≤20
	整齐弹石		≤10

注：平整度用三米直尺检测，路面养护质量标准见《公路沥青路面养护技术规范》（JTJ 073. 2—2001）、《公路水泥混凝土路面养护技术规范》（JTJ 073. 1—2001）、《弹石路面技术标准》。

4. 2. 2 路基技术状况（SCI）

路基技术状况用路基技术状况指数（SCI）评价，按下式计算：

$$SCI = \sum w_i \ (100 - GD\ iSCI)$$

式中：GD iSCI——第 i 类路基损坏的总扣分，最高分值为 100，按表 4. 2. 2 规定计算；

w_i——第 i 类路基损坏的权重，按表 4. 2. 2 取值；

i——路基损坏类型。

路基损坏扣分标准　表 4.2.2

类型（i）	损坏名称	损坏程度	计量单位	单位扣分	权重（w_i）
1	路肩边沟不洁		m	0.5	0.05
2	路肩损坏	轻	m^2	1	0.1
		重		2	
3	边坡坍塌	轻	处	20	0.25
		中		30	
		重		50	
4	水毁冲沟	轻	处	20	0.25
		中		30	
		重		50	
5	路基构造物损坏	轻	处	20	0.1
		中		30	
		重		50	
6	路缘石缺损		m	4	0.05
7	路基沉降	轻	处	20	0.1
		中		30	
		重		50	
8	排水系统淤塞	轻	m	1	0.1
		重	处	20	

4.2.3 桥隧构造物技术状况（BCI）

桥梁、隧道和涵洞技术状况用桥涵构造物技术状况指数（BCI）评价，按下式计算：

$$BCI = \min(100 - GD_{iBCI})$$

式中：GD iBCI——第 i 类构造物损坏的总扣分，最高分值为100，按表4.2.3的规定计算；

i——构造物类型（桥梁、隧道或涵洞）。

桥涵构造物扣分标准 表4.2.3

类型（i）	项 目	技术状况等级	计量单位	单位扣分	备 注
1	桥梁	一、二类	座	0	采用现行《公路桥涵养护规范》的评定方法，五类桥梁所属路段的 MQI = 0
		三类		40	
		四类		70	
		五类		100	
2	隧道	S：无异常	座	0	采用现行《公路隧道养护技术规范》的评定方法，危险隧道所属路段的 MQI = 0
		B：有异常		50	
		A：有危险		100	
3	涵洞	好、较好、	座	0	采用现行《公路桥涵养护规范》的评定方法，危险涵洞所属路段的 MQI = 0
		较差		40	
		差		70	
		危险		100	

4.2.4 沿线设施技术状况（TCI）

沿线设施技术状况用沿线设施技术状况指数（TCI）评价，按下式计算：

$$TCI = \sum w_i \ (100 - GD\ iTCI)$$

式中：GD iTCI——第 i 类设施损坏的总扣分，最高分值为100，按表4.2.4的规定计算；

w_i——第 i 类设施损坏的权重，按表 4.2.4 取值；

i——设施的损坏类型。

沿线设施扣分标准　　表 4.2.4

类型（i）	损坏名称	损坏程度	计量单位	单位扣分	权重（w_i）	备　注
1	防护设施缺损	轻	处	10	0.3	
		重		30		
2	标志缺损		处	20	0.3	
3	标线缺损		m	0.1	0.2	每 10m 扣 1 分，不足 10m 按 10m 计
4	绿化护管不善		m	0.1	0.2	

5　路况综合评定

5.1　路段 MQI

路段 MQI 按前述公式计算。对非整公里的路段，除 PQI 外，SCI、BCI、TCI 三项指标的实际扣分均应换算成整公里值（扣分×基本评定单元长度/实际路段长度）。注意先把扣分值进行换算，再代入公式。

桥隧构造物评价结果（BCI）计入桥涵构造物所属路段。

对存在五类桥梁、危险隧道、危险涵洞的路段，该评定单元的 MQI＝0。

5.2　路线 MQI

路线技术状况评定时，应采用路线所包含的所有路段 MQI

算术平均值作为该路线的 MQI 值。

若一条路线上包含不同类型路面，最后确定该路线的 MQI 时也应采用所有路段 MQI 算术平均值作为该路线的 MQI 值。

5.3 等级评定

按表2.0.2 的规定确定公路的技术状况等级。按《公路技术状况评定标准》附录 A 表 A-8 格式统计 MQI 值及分项指标的优良、中、次差的长度及比例。

5.4 沿线设施评定

对于农村公路的标志缺损、标线缺损、绿化管护不善三项，为了区别这三项有与没有的区别，对没有的项，该项分值为 0（即 100 - GDiTCl = 0）；对有项但是存在缺损的，扣分最高限值为 40 分（即 100 - GDiTCI = 60），也就是最低分为 60 分。

6 其他

6.1 农村公路技术状况评定频率按《标准》的规定进行，每年由州市交通局组织评定一次，省级作必要抽查。

6.2 农村公路技术状况评定不替代现行的日常养护质量检查工作。日常养护检查频率按《云南省农村公路养护管理办法》第十一章的要求执行。

6.3 本办法与部颁《标准》、《云南省农村公路养护管理办法》一起共同执行。

6.4 自发布之日起执行。

附表　弹石路面损坏调查弹石路面损坏调查表表

路线名称：			调查时间：					调查人员：					
调查内容	权重 w_i	单位	起点桩号：					终点桩号：					累计损坏
			路段长度：　　m					路面宽度：　　m					
			1	2	3	4	5	6	7	8	9	10	
坑槽	1	m^2											
沉陷	0.8	m^2											
车辙	1	m											
损边	0.7	m											
缝隙失养	0.6	m^2											
路拱不适	0.4	m											
块体破损	1	m^2											
跳石	0.1	m^2											
翻浆	0.8	m^2											
拥包	0.8	m^2											

评定结果：

DR =　　　　%

PCI =

参考文献

[1] 中华人民共和国行业标准. JTG H10—2009 公路养护技术规范 [S]. 北京：人民交通出版社，2009.

[2] 中华人民共和国行业标准. JTG H11—2004 公路桥涵养护规范 [S]. 北京：人民交通出版社，2004.

[3] 中华人民共和国行业标准. JTG H30—2004 公路养护安全作业规程 [S]. 北京：人民交通出版社，2004.

[4] 中华人民共和国行业标准. JTG H11—2004 公路桥涵养护规范 [S]. 北京：人民交通出版社，2004.

[5] 中华人民共和国行业标准. JTG H20—2007 公路技术状况评定标准 [S]. 北京：人民交通出版社，2008.

[6] 交通运输部公路司. 农村公路养护技术手册 [M]. 北京：人民交通出版社，2008.

[7] 黄晓敏，等. 弹石路面设计施工技术指南 [M]. 北京：人民交通出版社，2008.

[8] 黄晓敏，等. 弹石路面建设与养护 [M]. 北京：人民交通出版社，2008.

[9] 交通运输部. 公路桥梁养护管理工作制度.